KB205767

마가복음으로
삶을 열다

말씀으로/ 삶을 열어가는/ 동네목사/ 윤용의/
세 번째/ 성경묵상집

**말씀으로/ 삶을 열어가는/ 동네목사/
윤용의/ 세 번째/ 성경묵상집**

마가복음으로 삶을 열다

지은이 : 윤용
펴낸 곳 : 도서출판 세미한

초판 : 2020.2.
주소 : 경기도 화성시 10용사로 221. 102-405
전화 : 010-4475-4015
팩스 : 0504-325-4015
이메일 : yyipsae@daum.net
facebook : www.facebook.com/yyipsae

정가 : 15,000원
ISBN : 979-11-967304-2-0

마가복음으로
삶을 열다

말씀으로 삶을
열어가시길 축복합니다

들어가는 말

5년 전에 교회를 처음 개척했습니다. 그 때 묵상한 말씀이 마가복음이었습니다. 문득 그 때의 묵상글을 읽으면서 새삼 감사와 감격과 함께 뜨거운 무언가가 제 속에서 올라왔습니다. 삶은 슬픔만 주는가 싶지만 기쁨과 감격을 주기도 한다는 것을, 그래서 균형을 잡아준다는 것을 5년 전의 묵상을 통해서 발견합니다.

5년 전 학원 교실 한 칸에서 교회를 개척하고 뜨겁고 행복한 마음으로 하루하루를, 그리고 한 주 한 주를 살아갔던 시간들이 생각납니다. 제 인생을 새롭게 시작한 것 같은 시간이었습니다. 그 때 함께 했던 마가복음의 느낌이 아직도 마음에 남아 있습니다. 마가복음으로 묵상하고 마가복음으로 설교하면서 참 행복했고 감사했던 시간이었습니다. 그 때 묵상했던 내용을 조금 다듬어서 책으로 출간하게 되었습니다. 5년 전의 그 행복이 조금이나마 전달되어 읽는 분들에게도 묵상에 도움이 되길 간절히 소망합니다.

삶은 어차피 쉽지 않습니다. 쉬울 수가 없는 것이 인생이라는 생각이 살아가면서 더 확실해집니다. 어차피 아픈 삶이라면 그 속에서 아픔을 위로하고 치유 받을 생명의 도구를 꼭 들고 있어야 할 것 같습니다. 아픔과 슬픔을 치유하고 행복을 회복해줄 가장 좋은 도구가 말씀이라고 저는 믿습니다. 부디 아픔 많은 세상에서 말씀 안으로 들어가길 힘써서 삶의 근원적인 기쁨과 행복을 말씀 속에서 누려 가시면 좋겠습니다. 이 책이 묵상의 기쁨과 행복을 누려가는 데 작은 도움이 되면 좋겠습니다.

말씀에 삶을 걸고 살아가는
행복한 목사 윤용

차/례

Chapter 7 (마가복음 13-14장) 231

Chapter 8 (마가복음 15-16장) 273

Chapter 1

마가복음 1-2장 묵상

시작, 준비

(마가복음 1:1~11)

마가복음의 첫 구절은 원어로 '시작!'이라는 단어로 시작된다. 마가복음은 시작의 책이다. 복음의 시작이요 예수 그리스도 복음의 시작이다.

(막 1:1 새번역) 하나님의 아들 예수 그리스도의 복음의 시작은 이러하다.

그런데 시작부터 의외다. 당연히 예수 그리스도가 먼저 나와야 하는데 전혀 다른 사람이 첫 복음서인 마가복음의 처음에 등장한다. 그 사람은 침례자 요한이다.

(막 1:2-4 새번역) [2] 예언자 이사야의 글에 기록하기를, "보아라, 내가 내 심부름꾼을 너보다 앞서 보낸다. 그가 네 길을 닦을 것이다." [3] "광야에서 외치는 이의 소리가 있다. '너희는 주님의 길을 예비하고, 그의 길을 곧게 하여라'" 한 것과 같이, [4] 침례자 요한이 광야에 나타나서, 죄를 용서받게 하는 회개의 침례를 선포하였다.

이를 통해 시작과 준비의 의미를 묵상한다.

시작

무언가를 시작하는 것은 중요하다. 무에서 유가 되는 것이며 없던 것에서 존재하는 것이기 때문이다. 게다가 복음의 시작이다. 사망 가운데 빠진 사람들에게 생명을 주는 복음의 시작이기에 말할 수 없이 중요하다. 그 시작을 하나님이 선포하셨다. 그 때 선포된 복음의 시작으로 인하여 오늘 나에게 복음이 주어질 수 있었다. 나를 살리는, 내 삶에 소망을 주는 이 놀라운 복음이 그 날의 시작이 있었기에 나에게 올 수가 있었다.

천지창조도 중요한 시작이지만, 복음의 시작도 그에 버금가는 의미심장한 시작이다. 무에서 유를, 생명 없음에서 생명 있음을 창조하신 것이다. 죄로 인하여 생명을 잃어버린 사람에게 새로운 생명을 주시는 놀라운 시작이 하나님의 아들 예수 그리스도 복음의 시작이다.

하나님의 일은 시작되어야 한다. 시작이 중요하다. 하나님이 시작을 선포하시면 무에서 유가 되기 때문이요, 없던 생명, 죽은 생명이 존재하게 되고 살아나기 때문이다.

매일의 삶, 매월의 시작, 그리고 매년의 시작이 예수 그리스도의 복음과 함께 하는 새로운 시작이 되길 소망한다. 복음의 시작이 있어야 삶에 생명과 의미가 시작되기 때문이다.

준비

그런데 시작은 그냥 되는 것이 아니다. 예수 그리스도의 복음도 준비 과정이 필요했다. 모든 시작은 준비가 필요한데, 복음의 시작을 하나님은 사람을 통하여 준비하셨다. 그래서 예수 그리스도의 복음의 시작이라고 말했는데, 처음 나오는 사람이 예수님이 아니라 침례자 요한이다. 침례자 요한이 예수 그리스도의 복음의 준비자였기 때문이다.

침례자 요한을 통하여 주의 길을 예비하는 자, 예수 그리스도의 복음의 길을 준비하는 자의 특성을 말해주고 있다. 침례자 요한의 특징을 살펴보면 복음의 길을 준비하는 자가 어떤 삶을 살아야할 지를 알 수 있다. 침례자 요한은 어떤 사람인가?

첫째, 외치는 자의 소리다. '외치는 자'가 아니라 '외치는 자의 소리'다. 침례자 요한은 자신이 드러나지 않고 자신이 외치는 소리가 드러나게 했다. 복음의 길을 준비하는 자의 특징은 언제나 자신이 아니라 소리를 드러낸다. 그는 자신을 위한 삶이 아니라, 자신이 외치는 복음에 집중하는 삶을 사는 사람이 될 수밖에 없다. 나를 위한 삶이 아니라, 내가 외치는 복음에 집중하는 삶을 사는 사람, 사람들이 나에게 집중하도록 하는 삶을 버리고 내가 전하는 복음에만 집중하도록 하는 삶이어야 그의 삶이 복음의 길을 예비하는 삶일 수 있다.

둘째, 복장과 음식이 검소하다. 낙타털 옷, 메뚜기와 들꿀. 침례자 요한의 특성이다.

(막 1:6 새번역) 요한은 낙타 털옷을 입고, 허리에 가죽 띠를

띠고, 메뚜기와 들꿀을 먹고 살았다.

좋은 옷, 좋은 차, 멋진 집, 맛난 음식을 추구하고서는 결코 주의 길을 준비하지 못한다. 복음 전파자의 길이 쉽지 않은 큰 이유 중 한 가지다. 거친 광야에서 살아가는 삶을 거절하지 않을 용기가 있는 사람만이 주의 길을 예비할 수 있다.

셋째, 사람과 예수님을 연결한다.

(막 1:7-8 새번역) [7] 그는 이렇게 선포하였다. "나보다 더 능력이 있는 이가 내 뒤에 오십니다. 나는 몸을 굽혀서 그의 신발 끈을 풀 자격조차 없습니다. [8] 나는 여러분에게 물로 침례를 주었지만, 그는 여러분에게 성령으로 침례를 주실 것입니다."

침례자 요한은 열심히 사역하는 목적이 자신에게 있지 않았다. 그는 열심히 사역해서 자신의 삶을 기름지게 만들고자 하지 않았다. 자신의 삶이 부유해지고 편안해지는 것에 대한 관심은 접어두고, 사람들을 주님과 연결하는 것이 사역의 유일한 목적이어야 한다. 그것이 주의 길을 준비하는 사람의 가장 중요한 자세다.

나는?

새롭지 못한 새해를 맞이한 시간이 40여년이었다. 매년 초가 되면 새해를 맞이하느라 들뜬 세상을 보면서 나는 동조하기가 어려웠다. 새해가 되어봐야 달라지는 것이 전혀 없기 때문이었다. 여전히 일상을 살 것이고, 여전히 그 일상을 행복하지 못할 것이고, 여전히 세상과 사람들은 나에게 우호적이지 않을 것이고, 여전히 삶은 힘들 것이기 때문에 나는 새해가 반갑지 않았다.

그러던 어느 날 말씀을 만났다. 대충 대하던 말씀을 마음을 다하여 대하기 시작했다. 말씀이 새롭게 다가왔고 말씀 속에서 삶의 의미가 새로워지는 것을 느꼈다. 여전히 쉽지 않은 삶이지만 내 삶은 새로운 의미로 조금씩 채워져 갔다.

이제 새해도 의미가 새롭게 다가오고, 새로운 한 달을 맞이할 때도 마음 자세가 새로워질 때가 많다. 무엇보다 매일 말씀을 펼쳐서 읽고 묵상하고 기도하면서 하나님과 교제하는 시간을 통해서 매일의 시작도 날마다 새롭다.

매일 말씀을 통해 복음의 능력을 경험하고 누리는 시간이 나에게 생명을 만들어주고 있다. 나의 삶이 생명으로 채워져가고 있다. 세상의 중심과 상관없는 지극히 변방을 살아가고 있고, 기독교 세계 안에서도 변방을 지키고 있지만, 나는 이 변방의 자리에서 이루 말로 다할 수 없는 생명의 충만함을 누려가고 있다. 그 생명의 충만함을 누릴 때마다 어제와 다른 새로운 시작이 나에게 일어남을 느낀다.

매일이, 매월이, 매년이 새로운 시작이 되고 있는 나는 복음의 길을 준비하는 자로 살아가야 할 것이다. 침례자 요한처럼 준비하는 자로서의 자세가 나에게 필요함을 느낀다.

그래서 기도한다. 하나님의 보내주시는 영혼들에게 예수 그리스도의 복음의 시작을 알리는 사람이 되기를, 그들을 예수 그리스도와 잘 연결하는 착하고 충성된 종이 되기를, 거친 광야의 삶에서 요한처럼 기쁨을 잃지 않기를, 나를 내세우고 드러내려고 안달하는 사람이 아니라 그저 복음을 외치는 '소리'로 만족하는 삶이 되기를 온 맘으로 기도한다.

들짐승과 함께

(마가복음 1:12~20)

들짐승과 함께 계시니 (막1:13)

다른 복음서에는 없는 '들짐승과 함께 계시니'라는 구절이 마가복음에만 독특하게 있다. 왜일까? 들짐승이라는 표현에서 느껴지는 느낌이 1세기 그리스도인들이 처한 상황과 연결되는 점이 있어서인 것 같다. 즉 고난 받는 1세기 그리스도인들이 짐승의 먹이로 던져지는 일이 있었는데, 그 사건들을 염두에 둔 표현이 아닐까 싶다. 예수님이 들짐승과 함께 계셨지만 천사의 수종을 받으셨으니, 예수 믿다가 짐승의 밥이 되더라도 천사가 수종 들 것을 믿고 담대하라는 마가의 메시지가 비쳐지는 구절이다.

마가복음은 '제자도의 책'이다. 예수님이 시험 받으시고 고난 받으셨으니 제자라면 당연히 시험받고 고난 받아야 한다는 논리가 마가복음의 시작부터 보인다.

저자 마가

사실 마가가 이런 말을 하는 것이 아이러니일 수 있다. 전통적으로 마가요한을 마가복음의 저자로 보는데, 그는 선교여행을 갔다가 중도에 탈락했던 경험이 있는 사람이었다. 그로 인하여 바나바와 바울이 심하게 다투기까지 했으니, 그는 제자도와 어울리지 않는 인물이 아닐까? 시험에 넘겨져 중간에 선교여행을 포기하고 도망간 그가, 제자가 당하는 시험과 고난에 대해 말할 자격이 있을까?

위로

그럼에도 이 구절은 엄청난 위로를 내게 준다. '자격 있는 제자'란 어떤 제자일까? 결코 실패한 적 없는 제자, 결코 넘어진 적 없는 제자도 너무 멋진 제자이지만, 넘어진 제자, 넘어졌다가 다시 일어난 제자도 아름다운 제자일 수 있다. 마가요한도 아름다운 제자였다. 다른 제자가 아닌 실패했던 마가요한이 '광야에서 들짐승과 함께 계셨던' 주님의 모습을 묘사했다.

자격 없는 실패자 마가요한, 푯대를 향해 실패 없이 전진한 바울의 눈으로 도저히 이해할 수 없었던 그가 이제 고난에 동참하면서도 믿음을 저버리지 않는 멋진 제자로 세워졌다는 사실이 내게 큰 위로가 된다.

실패자도 받아주시는, 그래서 영광스런 복음의 증거자로 다시 세워주시는 주님의 사랑을 온 삶으로 경험한 마가요한의 글이기에, 실패의 쓰라린 경험이 많은 나에게 마가복음은 정말 복음이다. 실패하지 않아야만 좋은 제자가 되는 것이 아니다. 실패를 해야만 좋은 제자가 되는 것도 아니다. 그저 주의 긍휼과 은혜를 온전히 누리는 사람이라면, 그가 과거에 실패를 했든 하지 않았든 상관없이 참된 제자의 삶을 살아갈 수 있다는 사실이 나에게 참으로 큰 위로가 되는 아침이다.

권위 있는 새 교훈

(마가복음 1:21~34)

예수님의 가르침은 남달랐다. 예수님의 교훈은 권위 있는 새 교훈이었다. 권위 있는 새 교훈이란 어떤 교훈일까?

바리새인, 서기관과 다른 교훈

(막 1:22, 새번역) 사람들은 그의 가르침에 놀랐다. 예수께서 율법학자들과는 달리 권위 있게 가르치셨기 때문이다.

바리새인과 서기관들은 그 당시 율법학자들이었다. 율법을 연구하고 가르친 사람들이지만, 그래서 율법에 정통한 사람들이지만 그들의 가르침은 그저 가르침일 뿐이었다. 지식의 전달이었고, 율법의 행위에 대한 전달이었고, 율법의 정신을 놓친 교훈이었다.

예수님의 가르침은 달랐다. 사람들의 머리에 전달되는 수준에서 끝나지 않았다. 가슴 깊은 곳을 터치하는 능력이 있었다. 영혼의 깊은 갈망을 터치하는 능력이 있었다. 그래서 예수님의 가르침을 들은 사람들이 무언가에 취한 듯이 고백했다. "저가 가르치는 것은 권위 있는 자와 같다. 저 사람의 교훈은 서기관들과 같지 않다."

귀신이 힘을 잃음

(막 1:25-26, 새번역) [25] 예수께서 그를 꾸짖어 말씀하셨다. "입을 다물고 이 사람에게서 나가라." [26] 그러자 악한 귀신은 그에게 경련을 일으켜 놓고서 큰 소리를 지르며 떠나갔다.

역시 예수님이다. "잠잠하고 그 사람에게서 나오라." 그것으로 끝이었다. 다른 어떤 행위나 방언이나 축사를 위한 과도한 행위가 없이 그저 한 마디 말씀이면 귀신이 나갔다. 귀신에 대해서 여러 반응이 있다. 귀신을 두려워하기도 하고, 귀신의 존재를 부인하기도 하고, 귀신이 존재함은 알지만 귀신을 처리한 능력이 없는 사람도 있다. 그런데 그 어느 누구도 단순하게 말씀으로 귀신을 제압하는 사람은 없다. 그러나 주님은 귀신을 말씀 한 마디로 이기셨다. 귀신을 이기는 분이 주님이다. 귀신을 이기는 능력이 권위 있는 새 교훈이다.

병을 고침

(막 1:31, 새번역) 예수께서 그 여자에게 다가가셔서 그 손을 잡아 일으키시니, 열병이 떠나고, 그 여자는 그들의 시중을 들었다.

권위 있는 새 교훈은 말씀의 능력으로 병까지 고치는 능력이 된다. 복잡하지 않다. 권위 있는 새 교훈은 사람의 마음과 영혼의 깊은 곳을 터치하고, 귀신과 병을 이기는 능력이다.

나는?

예수님만 권위 있는 새 교훈을 주시는 분이신가? 그럴 리가 없다. 예수님은 자신을 따르는 자들에게 약속하셨다.

(요 14:12, 새번역) 내가 진정으로 진정으로 너희에게 말한다. 나를 믿는 사람은 내가 하는 일을 그도 할 것이요, 그보다 더 큰 일도 할 것이다. 그것은 내가 아버지께로 가기 때문이다.

주님의 이 말씀에 의하면 예수를 따르는 사람은 권위 있는 새 교훈을 당연히 베풀 수 있어야 한다. 어떻게 해야 사람이 권위 있는 새 교훈을 베풀 수 있을까? 사람의 능력의 한계, 사람의 지식의 한계, 사람의 가르침의 한계를 넘는 하늘의 지혜와 능력이 부어져야 한다.

지금 내겐 그 능력이 없다. 설교자인 나로서는 절망적인 지점이 아닐 수 없다. 그런데 아주 작은 소망이 있다.

(막 1:34, 새번역) 그는 온갖 병에 걸린 사람들을 고쳐 주시고, 많은 귀신을 내쫓으셨다. 예수께서는 귀신들이 말하는 것을 허락하지 않으셨다. 그들이 예수가 누구인지를 알았기 때문이다.

귀신이 예수에 대하여 말하는 것을 허락하지 않은 이유가 무엇이었을까? 귀신이 예수에 대하여 떠들고 다니는 것이 사람들에게 예수를 알도록 하지 못하기 때문이다. 귀신이 떠드는 것은 도리어 예수를 알지 못하게 할 뿐이다. 귀신이 예수에 대해 떠들수록 사람들은 예수에 대해 더 헷갈릴 뿐이기 때문이다.

그럼 예수를 어떻게 알 수 있을까? 예수에 대해서 듣기만 해서는 예수를 알 수 없다. 예수에 대해 아는 척 하는 사람들이 너무 많아서 속아 넘어갈 가능성이 높아서, 누군가로부터 듣는 것만으로 예수를 알려는 것은 어리석은 일이다. 예수에 대해 듣기는 해야겠지만 결국은 예수를 인격적으로 만나는 예수를 제대로 알 수 있다.

예수님을 만나는 사람만이 예수님을 바르게 알게 된다. 예수를 인격적으로 바르게 만나는 유일한 방법이 말씀이다. 말씀을 통해 예수를 깊이 알아가는 사람, 말씀을 읽고 묵상함으로 예수님과 인격적으로 깊이 교제하는 사람에게는 주님의 약속이 임한다. 주님보다 더 큰 일도 하리라는 그 놀라운 약속이.

그것만이 나의 소망이다. 내 능력으로 사역해야 한다면 나는 일찌감치 포기해야 했을 것이다. 나는 도대체 능력이라고는 눈꼽만큼도 없는 사람이기 때문이다. 찌질하기 짝이 없는 사람이기 때문이다. 나의 소망은 예수께만 있다. 예수만 나의 희망이다. 말씀을 통한 예수님과의 깊은 인격적인 교제만이 나를 살린다. 나를 살린 그 능력이 죽어가는 다른 영혼들도 살릴 것을 믿는다. 그들의 영혼 깊은 곳을 터치하여 그들에게서 귀신이 떠나가게 하고 그들의 깊은 병이 치유되는 역사가 일어날 것을 믿는다. 내 능력이 아니라, 오직 주님의 능력으로.

사람을 살리는 권위 있는 새 교훈을 기대하며 매일 매순간 주님과 깊이 교제하는 삶이 되길 소망한다.

기도 : 능력의 원천

(막1:35~45)

예수님

예수님의 공생애에서 독특한 표현이 보인다. 예수께서 이 땅에서 삶을 살아가시는 동안 가장 중요하게 여기셨던 부분이다.

(막 1:35, 새번역) 아주 이른 새벽에, 예수께서 일어나서 외딴 곳으로 나가셔서, 거기에서 기도하고 계셨다.

예수님은 전도하시고 귀신을 쫓아내시고 병을 고치셨다. 그리고 '아무에게도 아무 말도 하지 말라.'고 말씀하셨다. 그럼에도 예수님은 얼마 지나지 않아 드러나게 다니시지도 못할 만큼 유명해지셨다. 주님의 사역이 능력을 나타내었기 때문이다. 그런데 그렇게 유명해지신 주님은 어떤 일을 하셨을까?

(막 1:45, 새번역) 그러나 그는 나가서, 모든 일을 널리 알리고, 그 이야기를 퍼뜨렸다. 그러므로 예수께서는 드러나게 동네로 들어가지 못하시고, 바깥 외딴 곳에 머물러 계셨다. 그래도 사람들이 사방에서 예수께로 모여들었다.

사람들은 몰려들었지만 주님은 바깥 외딴 곳에 머물러 계셨다. 주님은 유명해지는 것에 관심이 없으셨고 조용히 기도하는 것에 더 관심이 있으셨던 것 같다. 주님의 능력의 원천이 기도에 있었기 때문이었다.

사역자

참된 사역자는 전도를 하지만, 일단 전도를 시작하고 일정 시간이 지나면 더 이상 전도할 필요가 줄어들 것이다. 참되게 사역하는 그 모습을 보고 사람들이 찾아오기 때문이다. 문제는 참되냐 참되지 않느냐다. 참되지 않은 사역자가 너무 많고, 본질을 버린 사역자가 너무 많고, 하나님의 은혜가 없는 사역자가 너무 많다. 참된 사역자, 본질을 바로 붙드는 사역자가 되기만 해도 수많은 사람들은 아니어도, 참된 것에 갈급한 사람들이 찾아 올 것이다.

그런데, 어떤 사역자가 참된 사역자일까? 참된 사역자의 능력은 어디서 오는 것일까? 주님으로부터 배워야 할 것이다. 주님의 능력은 기도였다. 새벽 오히려 미명에, 누구의 방해도 받지 않을 시간인 새벽에 주님은 따로 시간 내어서 기도하셨다. 그리고 사람들이 몰려들 때 주님은 외딴 곳에 계셨다. 아마 기도하고 묵상하기 위함이었을 것이다. 기도가 무엇일까? 기도란 '하나님과의 대화'다. 주님은 매일 새벽 오히려 미명에 하나님과 대화하셨고, 그것이 주님의 능력의 원천이었다.

사역자의 능력의 원천도 기도다. 그냥 기도가 아니라 하나님과 대화하는 기도다. 대화란 일방적으로 말하는 것이 아니라, 듣고 말하는 것이다. 하나님의 음성을 듣기 위해 성경을 읽고 묵상해야 하고 그 내용으로 하나님께 말해야 한다. 그래서 사실 말씀과 기도는 하나다. 말씀 없는 기도, 기도 없는 말씀은 죽은 것이다. 성경을 읽고 연구하고 묵상하면서 하나님의 말씀을 듣고 기도를 통해 하나님께 말하는 것이 사역자의 힘의 원천이다. 말씀과 기도의 능력이 없으면 사역자라 말할 수 없다. 하나님의 아들이신 주님도 매일 하나님과 대화하셨는데, 하물며 사람 사역자일까? 기도하지 않고 하나님과 교제하지 않는 사역자는 참된 사역자도 될 수 없고, 참된 능력을 나타낼 수도 없다. 하나님과 교제하지 않고도 능력이 나타난다면 그건 거짓이요 꾸민 것임에 틀림없다.

그리고 사역을 하고 나서도 참된 사역자라면 주님과의 교제의 자리, 그 말씀묵상과 기도의 자리로 나아가야 한다. 사역을 위해서만 묵상하고 기도한다면 그 사역자는 외식하는 사람에 불과할 것이다. 그의 삶에서 말씀을 묵상하고 기도함으로 하나님과 교제하고 대화하는 것이 가장 중요해야만 사역자의 자격이 있으리라.

나는?

제법 오랜 세월 동안 말씀 묵상을 해 왔다. 말씀 묵상은 말씀을 통해 하나님의 음성을 깨닫고, 그 하나님의 음성에 대해서 내가 기도하는 시간이다. 여전히 부족한 사람이지만 그럼에도 행복한 이유는, 매일 말씀 앞에 나아가 말씀을 읽고 묵상하고 나에게 적용하고 그 내용을 기도하는 시간을 갖고 있기 때문일 것이다.

나의 무능함을 너무 잘 안다. 나의 악함과 약함도 잘 안다. 나는 말씀을 묵상하는 것을 멈춘다면 사역할 수 없다. 내가 나의 힘으로 하는 사역이라면 나는 당장 멈출 것이다. 그건 아무 의미가 없기 때문이다. 말씀이 내 속에 채워지고 말씀이 깨닫게 하는 놀라운 하나님의 일하심을 보지 못한다면 나는 무엇으로 사역할 수 있을까? 오직 말씀이 일하고 나는 말씀을 수종 들 뿐이다. 나에게 말씀하시는 하나님의 뜻을 말씀을 통해 듣고, 그 말씀을 붙들고 기도하면서 주님과 교제하는 시간이 있어서 감사하다. 그 시간이 생명이다. 신자로서도, 사역자로서도 생명을 얻는 시간이다. 이 시간이 없으면서도 사역자라고 말한다면 나는 거짓의 아비에게 종노릇을 하게 될 것이다.

나의 능력이 커지는 것을 전혀 소망하지 않는다. 나는 그저 말씀의 수종자가 되고 싶다. 말씀이 앞서 일하시고 나는 따라가는 삶이면 족하다. 하나님의 말씀이 내 속에 채워져서 나를 통과해서 나가서 성도들에게 전달된다면 나로서는 가장 영광스러운 삶이요 사역이 될 것이다. 나의 능력은 없다. 그래서 말씀을 묵상하는 것에 나의 삶을 건다. 내가 살기 위해서요, 성도들에게도 참된 생명을 나눌 수 있기 위해서다. 주의 긍휼을 간절히 기도하는 아침이다.

어느 것이 쉽겠느냐?

(막 2:1~12)

"네 죄 사함을 받았느니라."와 "일어나 네 상을 가지고 걸어 가라." 이 둘 중에서 어느 것이 쉬울까? 이 질문이 뭐가 중요 할까 생각할 수 있겠지만 이 문제는 신앙에 있어서 매우 중 요한 질문이다. 주님께서 이 두 가지 질문을 화두로 던지실 정도로 진지하게 생각해야 할 중요한 주제다. 오늘 묵상을 통 해서 이 두 가지 질문이 나에게 생명처럼 중요하게 다가왔다.

네 죄 사함을 받았느니라

(막 2:6-7, 새번역) [6] 율법학자 몇이 거기에 앉아 있다가, 마음 속으로 의아하게 생각하기를 [7] '이 사람이 어찌하여 이런 말을 한단 말이냐? 하나님을 모독하는구나. 하나님 한 분 밖에, 누가 죄를 용서할 수 있는가?' 하였다.

예수께서 중풍병자에게 "네 죄 사함을 받았느니라." 라고 말씀하셨을 때, 서기관들은 마음으로 이렇게 생각했다. '죄 사함을 함부로 말하다니 이건 신성 모독이야. 어떻게 사람이 사람의 죄를 사해? 증명할 길이 없으니 그냥 입으로 마음대로 뱉어낸 것 아닌가?'

서기관들의 생각처럼 죄 사함의 선포는 쉽다. 말로 선포하면, 그것을 증명할 방법이 없기 때문이다. 일어나 걸어가라는 말보다 죄 사함을 받았다는 말은 얼마나 쉬운가? 천주교에서 고해성사 후에 죄 사함을 선포하는 것과, 이단들이 마음대로 죄 사함을 말하는 것을 보면, 말로만 하는 죄 사함의 선포는 너무 쉬운 것 같다.

일어나 네 상을 가지고 걸어가라

　중풍병자가 일어나 걸어가는 것은 결코 쉬운 일이 아니다. 그런 일은 거의 일어나지 않는 불가능에 가까운 일이다. 그러나 죄 사함이 말뿐 아니라 실제로 일어난다면, 즉 사람이 지은 모든 죄가 실제로 사해진다면, 그것은 중풍병자가 일어나는 것과 비교할 수 없이 놀라운 일이 된다. 죄 사함은 하나님의 영역이고, 일어나 걷게 하는 것은 아주 가끔씩은 의사가 할 수도 있고, 하나님이 사람을 통해서 하실 수도 있는 일이기 때문이다.

정말 어렵고 중요한 문제는?

(막 2:9-10, 새번역) [9] 중풍병 환자에게 '네 죄가 용서받았다' 하고 말하는 것과 '일어나서 네 자리를 걷어서 걸어가거라' 하고 말하는 것 가운데서, 어느 쪽이 더 말하기가 쉬우냐? [10] 그러나 인자가 땅에서 죄를 용서하는 권세를 가지고 있음을 너희에게 알려주겠다.

　무엇이 쉬우냐의 문제는 서기관들의 생각 때문에 예수께서 제기하신 문제다. 이 문제를 제기하신 이유는 자신의 하나님의 아들이심을 알게 하시기 위함이요, 신앙의 본질을 알게 하시기 위함이었다. 신앙의 본질은 병 고침이 아니다. 신앙의 본질은 가난에서의 탈출도 아니다. 신앙의 본질은 나의 고난에서 벗어나 편안하고 부유한 삶을 이어가는 것도 전혀 아니다.

신앙의 본질은 죄 사함이다. 정말 어렵고 중요한 문제는 죄 사함이다. 나의 죄 사함을 받는 것은 이 땅을 살아가는 어떤 명제보다 중요하다. 먹고 사는 문제, 병이 낫는 문제, 가난에서 벗어나는 문제도 심각하지만, 그 모든 문제들을 다 합해도 죄 사함의 문제와는 견줄 수 없다. 죄 사함이야말로 생명의 문제다.

인자만이 땅에서 죄 사함의 권세가 있다. 오직 예수만이 죄 사함의 권세를 가지고 계신다. 왜 그럴까? 죄 사함은 대가가 필요하기 때문이다. 죄 사함은 누군가의 생명이 필요하기 때문이다. 죄의 삯을 대신 치러주는 사람만이 죄 사함을 선포할 자격이 있기 때문이다. 사람은 그 어느 누구도 죄 사함을 선포할 수 없다. 그래서 쉽게 죄 사함을 선포하는 사람은 모두 거짓의 아들들이다. 자신이 죄 값을 대신 치러주는 사람만이 죄 사함을 선포하실 수 있다. 주님은 십자가를 지실 예정이셨다. 십자가에서 죽으실 주님이시기에 죄 사함을 선포하실 수 있었다. 오직 주님만이 죄 사함을 선포하실 자격이 있으신 것이다.

나는?

굴곡과 아픔이 많았던 나의 인생이었다. 지금도 여전히 굴곡과 아픔의 삶이다. 그러나 신기하게도 예전만큼 아프지 않다. 슬프지 않다. 우울하지 않다.

왜 그럴까? 여전히 가난하고, 그래서 불편하고, 여전히 삶의 환경은 안정되지 못했고, 여전히 나의 미래는 불투명한데, 왜 난 이렇게 행복하고 기쁠까? 죄의 문제가 해결되었기 때문이다. 죄 사함을 받았기 때문이다. 예수 그리스도의 십자가의 능력으로 나의 죄 문제가 해결되었음을 믿고 받아들였기 때문이다.

나의 미래는 이제 밝다. 경기도로 이사 와서 학원을 운영하면서 신대원을 다니고 교회를 개척한, 이런 쉽지 않은 삶의 환경 속에서 나의 미래는 왜 밝을까? 죄를 이기는 삶이 될 것이기 때문이다. 죄의 권세 앞에서 굴복하지 않는, 굴복할 필요가 없는 삶이기 때문이다.

도대체 이 놀라운 죄 사함의 복을 어떻게 돈이나 명예나 부나 권세나 편안한 삶과 바꿀 수 있단 말인가? 도대체 어떻게 이 죄 사함의 기쁨을 병 고침보다 가볍게 여길 수 있단 말인가? 죄 사함이 전부다. 죄에 찌들어 살아본 사람이라면, 죄가 주는 고통의 끝판을 아는 사람이라면, 절대로 죄 사함이 가볍다 또는 쉽다 말할 수 없다. 주님이 돈 문제를 해결하기 위해 오신 분이 아니라 죄의 문제를 해결하러 오신 분이라는 사실이 얼마나 감사한지 모른다. 주님이 병의 문제를 해결하기 위해서 오신 분이 아니라 죄 사함을 주러 오신 분이라는 사실이 얼마나 복음인지 모른다.

그러나, 더 놀라운 사실이 있다. 죄 사함을 얻은 사람에게는 병 고침도 주신다는 사실이다. 돈의 문제와 명예의 문제까지도 해결해 주신다는 사실이다. 물론 내가 원하는 정도와 주님이 나에게 필요하다고 보는 정도는 다를 것이다. 그러나 주님의 관점에서 나에게 필요한 만큼의 병 고침과 돈과 명예의 문제는 해결해 주신다. 중풍병자의 병을, 죄의 문제를 해결해 주시면서 고쳐주신 것과 같다. 죄 사함이 근본이고 나머지는 필요한 만큼 따라온다. 그래서 복음이다.

　죄 사함의 은혜, 십자가의 놀라운 사랑 때문에 내 삶의 어떤 불편도 내 삶을 불행하게 하지 못하는 지금의 내 삶이 참으로 감사하다.

헌 부대, 새 부대

(막 2:13~22)

새 포도주는 새 부대에 담아야 한다. 주님이 주시는 교훈과
은혜는 새 포도주다. 사람의 마음은 부대다.

(막 2:22, 새번역) 또, 새 포도주를 낡은 가죽 부대에 담는 사
람은 없다. 그렇게 하면 포도주가 가죽 부대를 터뜨려서, 포
도주도 가죽 부대도 다 버리게 된다. 새 포도주는 새 가죽 부
대에 담아야 한다.

새 은혜를 담으려면 새 부대가 되어야 한다. 오래된 부대에 새 포도주를 담으면 안 된다. 포도주가 발효하면서 오래된 부대가 터져버리기 때문이다. 그럼 헌 부대와 새 부대의 차이는 무엇일까?

헌 부대

서기관들(율법학자들)과 바리새인들이 전형적인 헌 부대라고 볼 수 있다.

(막 2:16, 새번역) 바리새파의 율법학자들이, 예수가 죄인들과 세리들과 함께 음식을 잡수시는 것을 보고, 예수의 제자들에게 말하였다. "저 사람은 세리들과 죄인들과 어울려서 음식을 먹습니까?"

헌 부대란, 오래된 부대, 이미 자리를 잡은 부대, 이미 지금의 삶에 충분히 익숙하고 만족스러워서 새로운 것을 받아들이려 하지 않는 부대다. 서기관들과 바리새인들은 제정일치의 사회인 이스라엘에서 종교적인 기득권을 가진 자들이었다. 그들은 이미 가진 기득권을 가지고 사람을 판단하고 정죄하려는 마음을 가지고 있었다. 자신의 기준을 절대 버리지 않고, 그 기준으로 다른 사람들에게 잣대를 들이대는 사람들이었다.

지금 나의 삶이 충분히 만족스러워 더 이상의 어떤 변화도 원하지 않는 삶이라면 헌 부대가 아닌지 자신을 돌아보아야 한다. 나의 모자란 모습이나 죄인 된 모습보다 상대방의 허물과 죄와 실수가 먼저 보인다면 나의 삶은 헌 부대일 가능성이 높다. 지금까지 내가 이루어온 것을 지켜내기에 급급한 마음이라면, 지금 내가 가진 것들을 잃을까 걱정스러운 마음이 많다면 나는 지금 헌 부대의 삶을 살고 있는 것일지도 모른다.

새 부대

그렇다면 어떤 사람들이 새 부대를 가진 사람들일까?

(막 2:17, 새번역) 예수께서 그 말을 들으시고 그들에게 말씀하셨다. "건강한 사람에게는 의사가 필요하지 않으나, 병든 사람에게는 필요하다. 나는 의인을 부르러 온 것이 아니라 죄인을 부르러 왔다."

예수님으로부터 부어지는 새 은혜를 받아서 간직하기에 합당한 새 부대는 한 마디로 정의하자면 '죄인'이다. 자신이 죄인임을 알아서 자신에게는 아무런 희망이 없다는 사실을 받아들이는 사람이 새 부대가 될 수 있다. 그래서 주님은 죄인과 세리와 함께 먹고 마셨다. 주님은 죄인과 세리들과 함께 하시면서 그들의 질고를 듣고 품고 안아주셨다.

왜 그러셨을까? 죄인을 불러 회개에 이르게 하려고 오신 분이 주님이시기 때문이다. 의사로 오신 주님이시기 때문이다. 주님은 의사이시기에 병자를 찾아가시는 것이 마땅하고 당연한 일이었다. 병자가 아니라면 의사의 필요성을 느끼지 못하기에 주님은 병자가 아닌 사람, 즉 자신이 죄인임을 인정하지 않는 사람에게는 가실 수가 없었다.

죄인만이 새 부대가 된다. 스스로 의인이라면 헌 부대이다. 스스로 죄인인 사람만이 의사이신 주님을 필요로 하고, 다가오시는 주님을 영접하게 되고 주님의 고치심을 받게 되는 것이다.

그러면 서기관과 바리새인들은?

그러면 서기관과 바리새인들은 예수님이 필요 없는 사람들일까? 즉 그들은 의사가 필요 없는 사람들이었을까? 물론, 그들 스스로는 자신들이 의인이라고 생각했기 때문에 그렇게 생각했을 것이다. 그러나 그들은 의인이 아니었다. 자신이 죄인임을 깨닫지 못하는 사람들일 뿐이었다. 다른 사람들의 눈에 보이는 죄를 짓지 않았기에, 율법의 작은 항목까지도 지키려고 노력했기에 자신을 죄인으로 인정하지 않을 뿐이었다.

그러나 그들은 여전히 죄인이었다. 죄를 짓지 않으려고, 율법을 어기지 않으려고 자신의 모든 노력을 다했지만, 율법의 정신을 잃어버린 사람들이었다. 율법의 정신인 인과 의와 신을 버린 사람들인 서기관들과 바리새인들은 참으로 심각한 죄인이었다. 그들은 의인이 아니라 죄인이었으나 자신이 그 사실을 인정하지 않았을 뿐이다.

세상을 살아가는 모든 사람은 두 종류 중 하나에 속한다. 그 두 종류는 자신이 죄인임을 아는 죄인과 자신이 죄인임을 모르는 죄인이다. 자신이 죄인임을 알면 주의 긍휼을 구하겠지만, 자신이 의인인줄 착각한다면 그는 주의 도우심을 거부한다. 서기관과 바리새인들은 자신이 죄인인줄도 모르는 가장 불쌍한 죄인일 뿐이었다. 눈에 보이는 죄를 짓지 않아도 진실한 사람이라면 자신의 속에 숨겨진 무서운 죄를 반드시 발견하게 된다. 그래서 죄인임을 고백하지 않을 수 없다. 자신의 마음을 속이는 자들이 서기관들과 바리새인들이었다. 그들은 의인이 아니라 위선자들일 뿐이었다. 더 심각한 죄인이었다.

결론

예수님이 필요 없는 사람은 없다. 세상에 존재하는 모든 사람은 죄인이기에 모두 의사이신 예수님이 필요하다. 그래서 두 종류의 사람뿐이다. 예수님의 필요성을 인정하는 죄인과 예수님의 필요성을 부인하는 죄인. 자신의 죄인 됨을 깊이 깨닫고 죄인 된 자신의 모습 앞에서 처절하게 절망한 사람만이 예수님을 바르게 만난다. 스스로 죄인임을 아는 사람만이 새 부대가 되어 예수님의 은혜를 부음 받는다. 그 은혜가 삶의 자양분이 되어 아름다운 인생을 살아가게 된다. 처절한 죄인인 나를 위해 의사로 오신 주님을 찬양하는 아침이다.

Chapter 2

마가복음 3-4장 묵상

생명에 관심이 있다면

·

예수님의 가족

·

'너희'냐 '그들'이냐?

·

좋은 땅이 되는 과정

·

누가 하나님의 권능을 누리는가?

생명에 관심이 있다면

(막 3:1~19)

슬픈 장면

사람들은 사건에 관심이 많다. 호기심을 충족시킬 일들, 자신을 재미있게 할 일들에 관심이 많다. 그래서 슬픈 장면이 연출되었다.

(막 3:1-2, 새번역) [1] 예수께서 다시 회당에 들어가셨다. 그런데 거기에 한쪽 손이 오그라든 사람이 있었다. [2] 사람들

은 예수를 고발하려고, 예수가 안식일에 그 사람을 고쳐 주시는지를 보려고, 예수를 지켜보고 있었다.

한쪽 손 마른 사람이 회당에 있었다. 그런데 슬프게도 아무도 그를 긍휼히 여기는 사람이 없었다. 도리어 그 사람을 예수님을 고발할 수단으로 보았다. 예수님이 그 사람을 고치기만 하면 고발을 해서 예수님을 궁지로 몰아넣을 생각만 하고 있었다. 사람의 생명에는 관심이 없고 사람을 수단화시키는 것을 너무나 당연하게 여기는 슬픈 인격을 가진 사람들이 하나님의 백성이라 일컫는 사람들이었다.

생명을 살리시는 한 분

사건이나 이슈가 아니라 생명에 관심이 있는 분이 계셨다. 단 한 분 예수님이셨다. 고발당하고 심각한 어려움을 당할 수 있음을 너무나 잘 아셨음에도 손 마른 사람을 향한 긍휼을 참지 않으시고 그의 손을 고치셨다.

(막 3:3, 새번역) 예수께서 손이 오그라든 사람에게 말씀하셨다. "일어나서 가운데로 나오너라."

주님께서 생명을 살리시자 두 가지 반응이 나타났다. 어떤 반응일까?

(막 3:6-8, 새번역) [6] 그러자 바리새파 사람들은 바깥으로 나가서, 곧바로 헤롯 당원들과 함께 예수를 없앨 모의를 하였다. [7] 예수께서 제자들과 함께 바닷가로 물러가시니, 갈릴리에서 많은 사람이 따라왔다. 또한 유대와 [8] 예루살렘과 이두매와 요단 강 건너편과 그리고 두로와 시돈 근처에서도, 많은 사람이 그가 하신 모든 일을 소문으로 듣고, 그에게로 몰려왔다.

한 무리는 예수님을 죽일 모의를 했고, 한 무리는 예수님에게로 몰려왔다. 이는 생명이 살아나는 곳에 언제나 일어나는 두 가지 상반된 반응이다. 생명이 살아나고 회복되면, 그로 인하여 자신이 누리던 기득권을 빼앗길까 두려워하는 자들은 그 일을 행하는 사람을 박해하고, 생명을 누리고 싶어 갈급한 사람들은 그 일을 행하는 사람에게로 모인다.

어떤 상황이 와도 생명을 살리고 회복시키는 것에 온전히 집중하시는 한 분이 계시다. 예수님이다. 상황이 아무리 좋지 않아도 걱정할 것 없다. 나를 살리길 원하시는 주님의 갈망은 식지 않으시기 때문이다. 손이 오그라든 상태에 있든, 마음이 오그라든 상태에 있든, 영혼이 오그라든 상태에 있든 상관없이 그저 주께로 나가면 된다. 주님을 거부하지 않으면 된다. 그러면 주님의 치유와 회복과 살리시는 능력을 힘입을 수 있다. 그래서 살아나고 회복될 수 있다.

12 제자

자신을 죽이려 계획하는 자들의 악한 모의를 알면서도, 예수님은 자신이 받으실 박해에 관심을 두지 않으시고, 살아나고 회복되어야 할 생명에 관심을 두셨다. 그래서 예수님의 다음 행보가 나온다.

(막 3:14-15, 새번역) [14] 예수께서 열둘을 세우시고 그들을 또한 사도라고 이름하셨다. 이것은, 예수께서 그들을 자기와 함께 있게 하시고, 또 그들을 내보내어서 말씀을 전파하게 하시며, [15] 귀신을 쫓아내는 권능을 가지게 하시려는 것이었다.

살아나야 할 생명이 아직도 많기 때문에 예수님은 12 제자를 세우셨다. 12 제자를 세우신 이유는, 주님이 행하시는 일을 동일하게 하게 하기 위함이었다. 즉 생명을 살리고 회복시키는 일을 12 제자가 맡아서 하도록 하기 위해서였다. 그러기 위해서 주님은 제자들을 자신과 함께 있게 하셨다. 생명을 살리는 한 분으로 인하여 생명이 살아난 사람들은 다시 생명을 살리는 사람으로 세워지는 것이다.

예수님의 치유와 회복과 살리는 사역은 중단될 수 없고 계속 되어야 한다. 예수님이 이 땅에 남기신 12 제자들이 그 일을 이어가야 했고, 이제 이 땅을 살아가는 그리스도인들이 그 일을 이어가야 한다. 그리스도인은 즉, 주님의 제자는 사건이나 흥미로운 이슈 또는 호기심을 충족시킬 어떤 것에 관심을 가질 것이 아니라, 생명을 살리고 회복시키는 일에 관심을 가져야 한다.

나는?

세상에 사람들을 둘러보고 또 둘러봐도 나의 생명에 관심

있는 사람은 없었다. 죽어가는 나의 생명, 목말라 허덕이는 나의 영혼의 아픔을 그 누구도 돌아봐주지 않았다. 그저 나의 삶의 슬픔과 아픔을, 눈물과 탄식과 넘어짐과 쓰러짐을 구설수로 삼았다. 조롱하고 씹었다. 내가 믿고 의지했던 사람조차도 나에 대해서 그렇게 하고 있음을 발견하고 충격을 받은 적도 있었다. 그때서야 사람에게는 소망이 없음을 제대로 알았다. 사람을 믿고 의지하는 것이 얼마나 어리석은 일인지를 절실히 깨달았다. 깊은 절망에 허우적거렸다. 내가 욕을 먹어 마땅한 존재였기에 더 절망스러웠다. 어떻게 살아가야 할지 막막하기까지 했다.

그러던 어느 날 말씀을 통해 주님이 내게 오셨다. 내 슬픔을 씻어주시고, 내 눈물을 닦아주시고, 넘어진 나를 세우시고, 나를 위로해 주셨다. 말할 수 없는 사랑을 보여주시면서 나의 깊은 상처를 만지셨다. 주님으로 인하여 나는 생명을 얻고 회복했다. 오직 주님만 나를 이슈로 보지 않으시고, 웃음거리로 삼지 않으시고 생명으로 보셨다. 죽어가고 있는 불쌍한 한 존재인 나를 진정한 생명으로 봐 주셨다. 그때서야 깨달았다. 한 사람을, 그 사람이 아무리 연약하고 초라하고 추하고 황당해도, 그 사람을 소중한 한 생명으로 봐주는 것만이 그 사람을 살릴 수 있는 능력이 되는 것임을.

　나를 세워 주의 일을 맡기시는 것은 일을 하게 하심이 아니라 생명을 사랑하게 하심임을 깨닫는다. 그런데 생명을 사랑할 능력이 내게는 없다. 그건 오직 주님께만 있는 능력이다. 나는 그래서 매일 주님과 함께 있는 시간을 가진다. 이 시간을 가장 소중히 여긴다. 주님에게서만 생명을 사랑할 능력이 주어지기 때문이다. 나는 오늘도 주님께 목마르다. 그래서 주의 긍휼을 구하며 주님 앞에 앉아 있다.

예수님의 가족

(막 3:20~35)

누가 예수님의 가족일까? 혈육에 따라 가족인 사람들이 가족일까? 아니면 또 다른 가족이 있을까?

예수님의 가족이 아닌 사람들

예수님의 가족들이 예수를 붙잡으러 나섰다고 한다. 예수가 미쳤다는 소문을 믿었기 때문이리라.

(막 3:21, 새번역) 예수의 가족들이, 예수가 미쳤다는 소문을 듣고서, 그를 붙잡으러 나섰다.

　예수님 혈육의 가족들은 예수님을 전혀 이해하지 못했다. 자기 수준에서 생각하고 자기 기준에서 예수님을 바라보기 때문이었다. 자신의 기준에서의 상식에서 벗어나면 틀렸다고 생각하기 때문에 예수님의 행동을 받아들을 수가 없었다. 그들은 비록 혈육으로는 예수님의 가족이었으나, 진정한 의미에서는 가족일 수 없었다.

　한 걸음 더 나아가 예루살렘에서 내려온 서기관들(율법학자들)은 예수님이 귀신 들렸다고 말하기까지 했다.

(막 3:22, 새번역) 예루살렘에서 내려온 율법학자들은, 예수가 바알세불이 들렸다고 하고, 또 그가 귀신의 두목의 힘을 빌어서 귀신을 쫓아낸다고도 하였다.

　그들은 바알세불이 들렸다고 말하고 귀신의 두목의 힘을

빌어서 귀신을 쫓아낸다는 황당한 말까지 서슴지 않았다. 이렇게까지 말하는 이들의 행동은 심각하다. 단순히 나와 생각이 다른 어떤 사람을 깎아내리는 것과는 다른 면이 있기 때문이다.

(막 3:29, 새번역) 그러나 성령을 모독하는 사람은 용서를 받지 못하고, 영원한 죄에 매인다

이들이 이렇게까지 하는 것은 성령을 모독하는 것이다. 용서를 받지 못할 수가 있고 영원한 죄에 매일 수 있다. 무서운 일이다. 예수님의 가족이 아니면 성령을 모독할 가능성이 높아진다. 성령도 모르고 예수님도 모르고 예수님의 사역이 도대체 무엇을 의미하는지도 모르기 때문이다. 예수님을 모르면 성령을 모독하는 죄를 자신도 모르게 저지를 수 있다. 예수님을 알아야 한다. 예수님을 점점 더 깊이 알아가야 한다. 평생을 알아가도 충분하지 않은 것이 예수님을 알아가는 것이다. 예수님을 알아가는 것을 멈추는 순간이 성령을 모독할 가능성이 커지는 순간이다.

예수님의 가족

그렇다면 예수님의 가족은 누구일까?

(막 3:35, 새번역) 누구든지 하나님의 뜻을 행하는 사람이 곧 내 형제요 자매요 어머니다

단순하다. 매우 간단하다. 하나님의 뜻대로 행하는 자는 누구나 예수님의 가족이다. 행함이냐, 믿음이냐? 쉽지 않은 신학적 주제이지만, 믿음과 행함은 연결되게 되어있다. 그 연결이 깨어졌다면 믿음에 무언가가 잘못된 것이다. 예수를 믿는다면 하나님의 뜻대로 행하게 된다. 믿음이 중요하다. 행함도 중요하다. 내 뜻대로 사느냐? 하나님의 뜻대로 사느냐? 이 문제는 평생 고민하며 극복해 가야 할 문제다.

하나님의 뜻을 행하며 살아가는 사람이라야 예수님의 형제요 자매요 어머니다. 예수님의 가족은 혈통과 상관이 없다. 다른 어떤 조건도 필요 없다. 오직 하나님의 뜻대로 살아간다는 조건에 부합해야 예수님의 가족이다. 당장 하나님의 뜻대로 살지 못한다 할지라도, 하나님의 뜻을 묻고, 하나님의 뜻을 알려고 몸부림쳐야 하고, 그 뜻에 순종하려고 노력해야 한다. 적어도 그렇게는 해야 예수님의 가족이라고 말할 수 있다.

예수님의 가족으로 살아가는 삶

하나님의 뜻대로 살아가는 삶은, 즉 예수님의 가족으로 살아가는 삶은 힘들까? 편할까? 어려울까? 쉬울까?

(마 11:29-30, 새번역) [29] 나는 마음이 온유하고 겸손하니, 내 멍에를 메고 나한테 배워라. 그리하면 너희는 마음에 쉼을 얻을 것이다. [30] 내 멍에는 편하고, 내 짐은 가볍다

예수님의 가족으로 사는 삶은 예수님의 짐을 함께 지는 삶이다. 그런데 그 짐은 쉽고 가볍다. 세상이 지우는 짐은 죽이는 짐이다. 무겁고 어렵고 사람을 피곤하게 하고 결국 그 영혼을 무너뜨리는 짐이다. 그러나 예수님이 주시는 짐은 쉽고 가볍다. 사람의 마음에 생명을 주는 짐이기 때문이다.

처음에 그 짐을 받을 때는 어려워 보이고 무거워 보이지만,

일단 그 짐을 지고 가기 시작하면 그 짐이 주는 놀라운 평화를 경험한다. 내 뜻을 포기하기 위해서 고민하고 씨름하는 그 순간은 힘들고 어렵고 무겁지만, 그 순간을 넘어서서 하나님의 뜻을 행하기 시작할 때부터 놀라운 가벼움을 경험하기 시작한다. 평화와 평강과 기쁨이 내면을 채우기 시작한다. 그 삶이 예수님의 가족으로 살아가는 삶이다.

나는?

남들이 보면 매우 어려운 길을 선택했다. 그럭저럭 먹고 살아가던 부산에서의 삶을 접고 늦은 나이에 신학 공부를 하겠다고 경기도로 올라온 것부터 쉬운 일이 아니었다. 학원을 운영하면서 신학교 다니고, 교회까지 개척해서 섬기는 이 모든 과정이 결코 쉽지 않아 보이는 것은 당연하다.

그러나 나는 이 모든 과정이 힘들지만 덜 힘들다. 먹고 살기 위해서만 살았던 과거의 시간들에 비하면 의미와 가치로 충만하기 때문이다. 말씀에 삶을 걸고 걸어가면 되기 때문이다. 죽으나 사나 그저 말씀 하나에 나의 운명을 다 걸고 걸어가기로 했기 때문이다. 학원 운영하면서 신학교 다니고 교회를 개척해 섬기는 것이 힘들지만, 행복하게 감당해 나갈 수 있는 것은 이 놀라운 생명을 누려가기 때문이다.

매일 묵상하는 말씀을 통하여 하나님의 뜻을 발견하고, 그 뜻대로 살기를 열망하며 하루하루 살아가고 있기에 예수님의 가족이 되어가는 기쁨을 누려간다. 주께서 지워주시는 짐이 쉽고 가볍다는 말의 의미를 깨달아간다. 참으로 놀라운 주의 은혜에 감사를 드리는 아침이다.

'너희'냐 '그들'이냐?

(막 4:1~12)

너희

(막 4:11, 새번역) 예수께서 그들에게 말씀하셨다. "너희에게는 하나님 나라의 비밀을 맡겨 주셨다. 그러나 저 바깥 사람들에게는 모든 것이 수수께끼로 들린다."

'너희'는 듣고 믿으려는 사람들이다. 예수님의 음성, 그 가르침이 생명임을 아는 사람들이다. 주님의 음성을 듣고 싶어

하고 믿고 싶어 하는 이들, 자신의 한계 앞에 절망해본 이들, 주님만 내게 소망을 주시는 분이심을 아는 이들이 '너희'다.

들어야 산다. 성경을 읽어야 산다. 성경을 읽는 것은 듣기 위한 읽기이기 때문에, 성경을 읽는다는 것은 주님의 음성을 듣는다는 것이다. 성경을 읽고 하나님의 음성을 들어야 산다. 읽고 들으면 깨닫는다. 읽고 듣고 깨달으면 열매를 맺는다. 말씀을 읽고 듣고 깨닫는 것에 삶을 거는 것은 결코 손해 보는 일이 아니다. 오히려 인생에서 가장 많은 유익을 얻는 일이다. 걸어볼 만하다. 읽고 듣고 깨달아서 맺을 열매가 30배, 60배, 100배이기 때문이다.

(막 4:8, 새번역) 그런데 더러는 좋은 땅에 떨어져서, 싹이 나고 자라서 열매를 맺었다. 그리하여 삼십 배, 육십 배, 백 배가 되었다.

그들

(막 4:12, 새번역) 그것은 '그들이 보기는 보아도 알지 못하고, 듣기는 들어도 깨닫지 못하게 하셔서, 그들이 돌아와서 용서를 받지 못하게 하시려는' 것이다.

'그들'은 듣기를 거부하거나, 들어도 믿기를 거부하는 사람들이다. 그들은 보아도 보지 못하고, 들어도 듣지 못한다. 예수 믿기를 사모하고 주님 뜻대로 살기를 간절히 소망하면 반드시 생명으로 임재하시는 주님이다. 그런데 그 소망을 갖지 않고, 내 삶이 만족스러워서 또는 내 삶이 바빠서 또는 내 삶에 너무 힘들어서 말씀을 통해 주님 음성 듣기를 거부하고 믿기를 거부한다면 삶이 망가진다. 죄에서 돌이킬 수 없고, 죄 사함을 받을 수도 없기 때문이다.

내 삶이 만족스러워, 내 삶에 너무 바빠서, 내 삶이 너무 힘들어서 오로지 내 삶에만 집중하게 만들어서 죄의 문제를 소홀히 여기도록 하는 것이 사탄의 전략이다. 삶의 가장 근본 문제는 죄의 문제다. 죄에서 돌이킬 수 없는 삶이 가장 비참한 삶이다. 그 비참함에서 한 발자국도 벗어날 수 없는 사람이 듣기를 거부하고 믿기를 거부하는 '그들'이다.

그래서?

예수 믿어서 얻는 복은 눈에 보이는 것이 아니다. 예수 믿어서 얻는 근본적인 복은 죄에서 돌이키고 죄 사함을 받는 것이다. 죄 사함을 받은 삶은 자신도 모르는 사이에 삶에 30배, 60배, 100배의 열매를 맺게 된다. 말씀 앞에 서고, 말씀을 통하여 하나님 음성을 듣기를 사모하고, 말씀만이 생명임을 삶으로 고백하는 사람은 말씀을 통하여 자신의 죄인임을 날마다 더 깊이 깨닫게 된다. 그것이 예수 믿는 가장 근본적인 축복이다.

나는?

쉽지 않은 삶을 늘 살았다. 그러다가 더 쉽지 않은 삶을 선택했다. 40년 이상 익숙하게 살았던 부산을 떠나 새로운 땅 경기도로 이사를 한 것이다. 모든 것이 낯설었다. 그 상황에서 경기도 땅에서 학원을 인수해서 운영해야 했다. 부산 사투리로 표준말을 사용하는 학생들을 가르쳐야 했다. 교회를 개척했다. 신대원을 졸업하지도 않은 전도사 신분으로 교회를 개척했으니 쉬울 리가 없다.

나는 왜 이런 힘든 삶을 선택했을까? 먹고 살아가는 안정성이 나의 생명이 아니라 주의 음성이 나에게 생명이기 때문이다. 그저 말씀을 더 잘 읽고 묵상할 수 있는 길로, 말씀을 묵상하는 삶을 나누는 길로 걸어왔을 뿐이다. 그 결과로 지금 이 삶을 살아가고 있다. 환경 자체로 보면 힘든 삶이지만, 내면에는 기쁨이 넘치는 삶이다. 30배, 60배, 100배의 열매를 누려가고 있는 듯하다. 예전의 삶에서는 먹고 살 걱정은 적었으나, 마음과 영혼의 풍성함은 없었다. 지금의 삶은 반대다. 마음과 영혼에 풍성한 생명을 누려가는 이 삶이기에 30배, 60배, 100배의 복을 누려가는 삶이라 고백할 수밖에 없다.

주의 음성을 거부하는 '그들'의 삶을 살아가지 않길, 주의 음성에 삶을 거는 '너희'의 삶을 끝까지 겸손하게 살아가길 간절히 소망한다.

좋은 땅이 되는 과정

(막 4:13~25)

처음부터 마음 밭이 좋은 땅인 사람은 없다. 누구나 나쁜 땅이었다. 모든 사람은 죄인이 아닌가? 나쁜 땅으로부터 점차 좋은 땅으로 변해간다. 아무리 나쁜 땅인 사람도 좋은 땅이 될 가능성을 가지고 있다. 좋은 땅이 되는 과정이 있다.

길가 밭

(막 4:15, 새번역) 길가에 뿌려지는 것들이란 이런 사람들이

다. 그들에게 말씀이 뿌려질 때에 그들이 말씀을 듣기는 하지만, 곧바로 사탄이 와서, 그들에게 뿌려진 그 말씀을 빼앗아 간다.

이 상태의 마음 밭이었던 때가 있었다. 말씀을 듣기는 듣는데 도무지 맘속에 들어오지 않았다. 설교를 듣는데 도무지 집중이 되지 않았다. 설교 내용이 너무 말씀에서 벗어났기 때문이었는지, 내 마음이 거칠었기 때문이었는지 정확하게 구별하긴 어렵지만, 그 때 나의 마음은 길가였다.

돌밭

(막 4:16-17, 새번역) [16] 돌짝밭에 뿌려지는 것들이란 이런 사람들이다. 그들은 말씀을 들으면 곧 기쁘게 받아들이기는 하지만, [17] 그들 속에 뿌리가 없어서 오래가지 못하고, 그 말씀 때문에 환난이나 박해가 일어나면 곧 걸려 넘어진다.

이 상태의 마음 밭이었던 때도 있었다. 말씀을 듣고 은혜를 받은 것 같은데, 삶에서는 도무지 말씀이 기억나지도 않고 기억하려고도 하지 않았던 시절이었다. 주일에 교회 가서 설교를 듣는다는 것 외에는 신앙인이라고 말하기 어려운 상태였다.

가시떨기 밭

(막 4:18-19, 새번역) [18] 가시덤불 속에 뿌려지는 것들이란 달리 이런 사람들을 가리키는데, 그들은 말씀을 듣기는 하지만, [19] 세상의 염려와 재물의 유혹과 그 밖에 다른 일의 욕심이 들어와 말씀을 막아서 열매를 맺지 못한다.

이 상태의 마음 밭으로는 제법 오랫동안 살았었다. 염려와 유혹. 이 두 가지는 끈질기게 나를 괴롭혔다. 가족을 건사하며 먹고 살기 위한 삶을 살아야 했기에 내 마음은 온통 돈을 버는 것에만 집중되어 있었다. 그리고 돈을 제대로 충분히 벌지 못할까 노심초사했다. 많은 돈을 위해서 양심을 저버리는 사람들과 쾌락을 좇아가는 사람들을 가까이에서 보면서 늘 마음이 헷갈렸다. 나도 그들처럼 살아야 하는데 그러지 못하고 있는 것이 너무 바보 같은 삶이 아닌가 고민도 많았다.

좋은 땅

(막 4:20, 새번역) 좋은 땅에 뿌려지는 것들이란 이런 사람들이다. 그들은 말씀을 듣고 받아들여서, 삼십 배, 육십 배, 백 배의 열매를 맺는다.

이 말씀은 내게 소망이다. 말씀이 나에게 뿌려지고 내 속에서 뿌리 내리는 것이 느껴진다. 아직 내가 좋은 땅인지는 알 길이 없다. 그저 좋은 땅이 되었으면 하는 소망이 가득할 뿐이다. 그리고 그저 매일 말씀을 사모한다. 말씀 속에 있는 그 놀라운 생명을 사모할 뿐이다. 그렇게 매일 걸어갈 뿐인데, 삶의 구석구석으로 말씀의 영향력이 조금씩 미치는 것을 느낀다. 감사하게 이 놀라운 변화를 누려간다.

밭 이야기의 결론

(막 4:25, 새번역) 가진 사람은 더 받을 것이요, 가지지 못한 사람은 그 가진 것마저 빼앗길 것이다.

한번 나쁜 밭이 영원히 나쁜 밭일 수도 없고, 한번 좋은 땅이 영원히 좋은 땅일 수도 없다. 그런데 밭과 땅의 관점에서 가장 중요한 한 가지가 있다. 좋은 땅이 되어본 경험이 있어야 한다는 사실이다. 좋은 땅이 되어본 경험이 있고, 30배든 60배든 100배든 결실을 경험해 보는 것이 중요하다. 한번 경험하면 그 놀라운 기쁨을 안다. 그 놀라운 기쁨과 감격을 경험해 본 사람은 좋은 땅이 되길 더 추구한다. 그리고 자꾸 좋은 땅이 되어갈 수 있다.

좋은 땅은 다시 굳은 땅, 즉 나쁜 땅이 될 수 있다. 땅이 굳으면 계절이 지나고 땅을 갈아엎어야 한다. 갈아엎지 않으면 어느새 나쁜 밭이 되어 있는 것을 발견하게 된다. 좋은 밭이 되어본 경험이 있는 사람은 마음 밭을 갈아엎는 것을 두려워하지 않는다. 갈아엎는 과정은 힘들지만 그 뒤에 너무 좋은 일이 많이 생길 것을 알기 때문이다.

좋은 밭이 되어본 경험이 있는 사람은 점점 더 좋은 밭이 되어간다. 점점 더 자주 밭을 기경하게 된다. 그러다가 어느 때가 되면 삶의 거의 전체가 좋은 밭이 된다. 반대로 좋은 밭이 되어본 경험이 없는 사람은 좋은 밭이 될 기회마저도 놓치게 된다. 그것이 기회인지도 모르기 때문이고, 좋은 밭이 누리는 놀라운 결실도 모르기 때문이다.

나는?

나는 나쁜 밭이었다. 한 없이 나쁜 밭이었다. 말씀의 씨앗이 떨어졌으나 바로 빼앗기고, 기쁨으로 받았으나 작은 박해나 환난에 넘어져 버리고, 말씀을 들었으나 세상의 염려와 재물의 유혹과 기타 욕심에 가득차서 말씀이 막혀서 결실하지 못한 날들이 얼마나 많았는지 모른다.

그러나 소망이 여전히 있었던 것은 나의 어떠함 때문이 아니라 말씀 때문이었다. 나쁜 밭인 내게 말씀을 계속 뿌려졌다. 뿌려지고 또 뿌려졌다. 놀랍게도 말씀 자체가 능력이 되었다. 말씀의 능력이 점점 더 나의 내면을 사로잡기 시작했다. 처음에는 작은 박해에 넘어졌으나, 점점 이겨내게 되었고, 처음에는 염려와 유혹과 욕심에 막혔으나, 점점 더 말씀의 능력이 그것들을 이겨내기 시작했다.

아, 나쁜 밭이 좋은 밭이 되도록 하는 능력이 나의 어떠함이나 나의 속성이 아니라 말씀 자체임을 이제야 깨닫는다. 아무리 나쁜 밭이어도 말씀의 씨앗이 떨어지는 것을 거부하지만 않는다면 점점 좋은 땅으로 변해가는 것이다.

교회를 개척했다. 교회를 개척한 것이 감격인 이유는, 한없이 나쁜 밭이었던 나의 마음 밭이 말씀으로 인하여 점점 좋아져서 이제 조그만 결실을 보는 것이기 때문이다. 나쁜 마음 밭인 성도들을 많이 만나게 될 것이다. 내가 그런 사람이었음을 잊지 말고, 지금의 나도 얼마든지 나쁜 마음 밭이 될 수도 있음을 기억하고, 나에게도, 그분들에게도 계속 말씀의 씨앗을 뿌리기만 해야겠다 다짐한다.

소망은 내게 있지 않고, 성도들에게도 있지 않고, 오직 말씀에만 있다. 말씀의 씨앗이, 말씀의 빛이 능력이 되어 나와 성도들의 마음 밭을 좋게 만들어 갈 것이다. 말씀의 능력만이 소망이다.

누가 하나님의 권능을 누리는가?

(막 4:35-41)

예수께서 비유를 말씀하심은 하나님 나라의 비밀을 가르치시기 위함이요, 이적을 보이심은 자신이 하나님이심을 보여주시는 것이다. 하나님의 나라가 권능과 능력으로 이 땅에 임하셨음을 보여주시는 것이다. 주님께서 이 땅에 오시면서 시작된 권능과 능력의 하나님 나라는 지금도 계속 이어지고 있다. 이어질 뿐 아니라 왕성히 활동하고 있다. 그러나 하나님 나라의 권능과 능력을 보고 경험하고 누리는 사람은 그리 많지 않다. 누가 그 나라의 권능과 능력을 누리고 살아갈 수 있을까?

믿는 사람

(막 4:40, 새번역) 예수께서 그들에게 말씀하셨다. "왜들 무서워하느냐? 아직도 믿음이 없느냐?"

주님이 제자들에게 믿음이 없음을 책망하신다. 믿음이 없다는 말씀은 여기에서 무슨 뜻일까? 제자들은 왜 이런 책망을 받았을까? 풍랑과 비바람을 보고 두려움에 사로잡혀 버렸기 때문이다. 주님은 그 상태를 믿음이 없다고 말씀하셨고 믿음 없음을 책망하신 것이다.

믿음이 있으면 권능과 능력으로 임한 하나님의 나라를 경험하게 된다. 누려갈 수 있게 된다. 권능으로 임한 하나님의 나라는 이미 임했기에 제자들도 그것을 누려갈 수 있음에도 누리지 못했다. 그 나라와 권능은 지금도 왕성히 활동하고 있다. 그것을 믿는 사람은 그 권능을 삶에서 누려간다. 문제는 믿음이 있느냐 없느냐다.

믿지 못하는 사람은?

제자라도 그 권능을 믿지 못하는 것은 어쩌면 당연한 일이다. 사람에게 그런 믿음이 저절로 생길 리는 없지 않은가? 그럼, 믿음이 없는 사람은 그 권능을 누리지 못하는 것일까?

다행히도 그런 것은 전혀 아니다. 믿지 못하는 사람에게도 하나님은 역사하시고 하나님 나라의 권능을 누려갈 수 있다. 하나님 나라의 권능과 능력을 믿지 못해도 경험하고 누릴 방법이 있다. 어떤 방법일까?

(막 4:38, 새번역) 예수께서는 고물에서 베개를 베고 주무시고 계셨다. 제자들이 예수를 깨우며 말하였다. "선생님, 우리가 죽게 되었는데도, 아무렇지도 않으십니까?"

내가 죽게 된 것을 돌아봐 달라고 주님을 깨우면 된다. 주님께 매달리면 된다. 내가 죽게 된 것을 알고 주의 도우심을 간절히 구하면 주님과 함께 임한 하나님의 나라를, 그리고 그 나라의 권능을 누려갈 수 있다. 주님께 매달리면 살 길이 반드시 열린다. 주님을 깨워야 한다. 주님은 주무시는 것 같지만 주무시지 않으신다. 마치 주님이 주무시는 것처럼, 주님이 내 삶에 아무런 도움을 주지 못하시는 분이신 것처럼 내가 살 뿐이다.

내 삶을 깨워서 주님께 매달려야 한다. 주님이 나와 상관 없는 듯 살아가는 삶에서 깨어나 주님께 도우심을 청해야 한다. 그러면 내 삶에 다가온 엄청난 문제들을 통해 놀랍게 하나님 나라의 권능과 능력을 경험하게 된다.

권능을 경험하게 하시는 이유

그러면 왜 하나님은 나에게 하나님 나라의 권능을 경험하고 누리게 하실까? 이유가 있다. 제자들은 예수님을 하나님이라 믿기가 쉽지 않았다. 사람의 육신을 입고 계시기 때문이다. 그래서 권능과 이적을 보여주셔야 예수님이 하나님이심을, 예수님이 창조주이심을 알게 된다.

지금 나에게는 하나님이 눈에 보이지 않는다. 눈에 보이지 않기에 삶에서 실제적으로 믿기가 쉽지 않다. 하나님께서 내 삶에 권능으로 임하시는 이유는 나와 함께 하시는 눈에 보이지 않는 분이 하나님이심을, 창조주이심을 보여주시는 것이다. 믿으면 하나님의 이적을 경험한다. 믿지 못해도 매달리면 이적을 경험한다. 물론 그 이적은 내가 원하는 방식의 이적이 아닐 가능성이 높다. 그러나 그 이적을 통하여 하나님이 눈에 보이지는 않지만 창조주 하나님이심을, 그 하나님이 지금 나와 함께 하심을 고백할 수 있게 된다. 권능으로 임한 하나님 나라를 누려갈 수 있게 된다.

나는?

내 삶의 과정을 돌아본다. 감격스러울 수밖에 없다. 찌질하고 형편없던 나의 삶이 주의 은혜로 아름답게 변화되어 왔다. 이적과 권능의 역사를 얼마나 많이 경험했는지 모른다. 아주 큰 이적과 권능의 역사가 내 삶에 일어났다. 교회의 개척이다. 나라는 사람에게서 있을 수 없는 놀라운 기적이 일어난 것이다. 여전히 내 삶에는 많은 이적이 필요하다. 경험한 이적과 권능의 역사가 있다는 것이 복이 되는 것은, 이제 권능으로 임한 하나님 나라가 믿어진다는 것이다.

하나님의 나라가 이 땅에 권능으로 임했음이, 그 나라가 지금도 왕성하게 활동하고 있음이, 그 놀라운 역사가 내 삶에도 적용될 수 있음이 믿어진다. 하나님 나라의 권능의 역사를 오늘도 기대하며 하루를 연다.

Chapter 3

마가복음 5-6장 묵상

종교적 삶이 아니라 일상

(막 5:1~20)

돈 vs. 회복

예수님이 귀신 들린 사람에게서 군대 귀신을 내쫓아 돼지 떼에게 들어가게 하셨다. 돼지 떼는 모두 바다에 빠져 죽었고 귀신 들린 사람은 고침을 받았다. 그런데 그 지역인 거라사 사람들의 반응이 좀 놀랍다.

(막 5:17, 새번역) 그러자 그들은 예수께, 자기네 지역을 떠나 달라고 간청하였다.

그들은 예수님께 자신들의 지역을 떠나 달라고 했다. 한 사람이 귀신에게서 벗어나 회복되는 것보다 경제적 손실이 더 큰 충격이었던 것이다. 돈이라는 주제는 중요한 주제다. 그러나 아무리 돈이 중요해도 생명보다 중요할 수는 없고, 아무리 경제적 가치가 중요해도 폐허가 된 한 사람의 영혼과 정신이 회복되는 것보다 중요해서는 안 된다. 너무 슬프게도 거라사 사람들은 한 사람의 영혼이 회복되고 살아나는 것보다 돈이 훨씬 중요했던 것이다.

돈의 가치가 너무 비대해진 세상이다. 세상이 그런 것은 어쩔 수 없다 하더라도, 교회는 그런 가치로 운영되면 안 된다. 교회는 한 영혼의 회복될 가능성이 있다면 기꺼이 돈을 희생할 수 있어야 하는 곳이다. 하나님의 교회란 돈보다 생명이 중요해야 하는 곳이고, 하나님의 백성이란 경제적 가치보다 한 영혼의 가치를 훨씬 귀하게 여겨야 하는 사람이다. 돈을 포함한 모든 자원을 한 사람의 마음과 정신과 영혼의 회복을 위해 쏟아 부어야 하는 존재가 교회요, 신자다. 세상과 달리 그 방향으로 삶을 살아가는 것을 마땅하고 당연하게 여기는 사람이 신자다.

종교적 삶 vs. 일상의 삶

주님이 귀신을 쫓아내셔서 귀신 들린 자가 회복되었다. 그런데 회복된 사람은 어떻게 살아야 할까? 주님께서 회복시켜 주셨으니 주님께 모든 삶을 다 바쳐야 할까? 주님께서 날 회복시키셨으니 열심히 종교적 삶만 살아가면 될까? 교회를 통하여 영혼이 회복되고 구원의 기쁨을 얻고, 상처 난 마음이 치료된 사람은 매일 교회에만 가서 하루 종일 기도하고 찬송하고 교회에 매여서 살아야 하는 것일까? 주님은 전혀 다르게 말씀하셨다.

(막 5:18-19, 새번역) [18] 예수께서 배에 오르실 때에, 귀신 들렸던 사람이 예수와 함께 있게 해 달라고 애원하였다. [19] 그러나 예수께서는 허락하지 않으시고, 그에게 말씀하셨다. "네 집으로 가서, 가족에게, 주님께서 너에게 큰 은혜를 베푸셔서 너를 불쌍히 여겨 주신 일을 이야기하여라."

귀신 들렸던 사람의 입장에서는 예수님을 통해서 치유가 일어났으니 예수님을 따라다니고 싶었을 것이다. 자신을 치유하고 살려주신 예수님을 조금이라도 도와드리고 싶었을 것이다. 그러나 예수님은 그렇게 하도록 허락하지 않으셨다. 귀신 들렸던 사람을 가족에게로 돌려보내셨고 가족에게 하나님 나라를 알리라고 하셨다. 왜 그러셨을까?

주님으로 인하여 회복된 사람, 구원의 기쁨을 얻은 사람, 생명의 가치를 알게 된 사람은 이제 더 종교적인 삶을 살아야 하는 것이 아니다. 매일 교회에 가고, 매일 예배라는 행위를 하고, 매일 교회 봉사만 하는 삶을 살아야 하는 것이 아니다. 회복된 사람은 일상의 삶으로 돌아가야 한다. 이제까지는 일상을 엉망으로 살았지만, 그래서 가족을 포함한 많은 사람에게 아픔과 부담을 주었지만, 이제 회복된 사람으로서 일상을 제대로 살아가야 하는 것이다. 최선을 다해서 가족의 의무를 다하고, 최선을 다해서 사회인으로서의 의무를 다하고, 회복된 모습을 가족과 세상에 보여주고, 그 삶의 이야기로 하나님 나라를 전파하는 것이 회복된 사람의 바른 삶의 자세다. 회복된 사람은 더 많은 종교적 열심이 필요한 것이 아니라, 정상적인 삶이 필요하다.

나는?

주일이 좋다. 성도들과 함께 예배하고 교제하고 찬양하고 하나님을 마음껏 말하는 그 날이 좋다. 한 주간의 힘들었던 삶이 그 예배와 교제의 시간을 통해서 회복된다. 감사와 감격이 다시 내면에 채워진다. 반면 일상은 힘들다. 그래서 월요일이 되면 마음이 무거워진다. 소위 월요병이다. 고쳐야 할 병이 생긴 것이다. 주일만 주의 날이 아니라 매일이 주의 날이기 때문이다.

주일에 말씀과 교제의 은혜로 회복을 누리고 나면 월요일부터는 일상을 기쁘게 살아가야겠다. 가족에게, 직장동료에게, 그리고 만나는 사람들에게 회복된 나의 모습을 보여줘야겠다. 그래서 기쁨의 이유를 궁금해 하는 그들에게 하나님의 회복을 전하고, 하나님의 나라를 전해야겠다. 복음을 말로 전하기 전에, 나의 삶이 하나님 나라를 전하는 올바른 이야기가 되어 가장 바르게 복음을 전하는 삶이 되길 간절히 소망한다.

치료보다 중요한 것

(막 5:21~34)

　예수님의 옷을 몰래 만진 혈루증 걸린 여인이 치료를 받았다. 그런데 예수님은 그 여자를 찾아내셨다. "누가 나의 옷에 손을 대었느냐?"라고 말씀하셨다. 찾으신 이유가 있었다. 정죄하거나 야단치시기 위함이 아니었다. 치료된 것도 중요하지만 그것보다 훨씬 중요한 것이 있음을 그 여인뿐만 아니라 모두에게 알리고자 함이셨다. 자칫 치료받은 것으로 끝나 버릴 뻔했던 혈루증 여인의 사건을 주님은 공개적으로 사람들에게 드러내셨다. 주님은 무엇을 알리고 싶으셨던 것일까? 치료보다 중요한 것은 도대체 무엇일까?

참된 치료자가 있다.

(막 5:30, 새번역) 예수께서는 곧 자기에게서 능력이 나간 것을 몸으로 느끼시고, 무리 가운데서 돌아서서 "누가 내 옷에 손을 대었느냐?" 하고 물으셨다.

사람들은 치료에만 관심을 갖는다. 자신의 병이 치료되는 것, 자신의 상처가 나음을 입는 것, 자신의 아픔이 회복되는 것 등 오직 나의 치료만이 관심사인 듯하다. 그러나 꼭 알아야 하는 훨씬 더 중요한 사실이 있다. 참된 치료자가 있다는 사실이다. 왜 치료보다 치료자가 중요할까? 한번 치료받았다고 모든 것이 끝나는 것이 아니기 때문이다. 사람은 또 치료받아야 한다. 사람은 계속 병이 나고 계속 상처가 나고 아픔이 생기기 때문이다.

그래서 한 번의 치료보다 중요한 것은 참된 치료자가 있다는 것을 아는 것이다. 치료가 필요할 때마다 달려가서 치료를 요청할 놀라운 치료자가 있다는 사실보다 중요한 복음이 있을까? 그 치료자가 바로 예수님이다. 내 몸과 마음에 상처가 있다면, 아픔과 슬픔과 눈물이 있다면, 치료받아야할 그 무언가가 있다면 참된 치료자 되시는 예수님께로 달려가면 된다는 사실은 얼마나 놀라운 복음인가?

그 치료자는 구원자이시다

(막 5:34, 새번역) 그러자 예수께서 그 여자에게 말씀하셨다. **"딸아, 네 믿음이 너를 구원하였다. 안심하고 가거라. 그리고 이 병에서 벗어나서 건강하여라."**

인생의 문제는 구원의 문제다. 병을 고치는 문제도 중요하고 가난에서 벗어나는 문제도 중요하지만, 가장 중요한 문제는 구원의 문제다. 병을 고친 것으로 끝난다면 그 사람은 의사이지 구원자는 아니다. 예수님은 단순한 의사가 아니라 구원자이시다. 예수님을 통해서만 구원을 얻을 수 있다. 내 삶에서 도무지 해결하지 못할 문제가 죄의 문제다. 죄의 문제를 해결하지 못하고서는 구원을 얻지 못한다. 예수님만이 죄의 문제를 해결하실 수 있기에 예수님만이 나에게 구원을 주실 유일한 분이다.

나의 상처의 치유도 중요하지만, 나의 상처와 회복에만 집중하여 훨씬 더 중요한 예수님에 대하여 제대로 알지 못한다면 그것은 어리석고 불행한 일이다. 예수님은 참되고 영원한 치료자와 구원자가 되시기에, 예수님과 매일 깊은 교제를 누려가는 것이 사람에게는 가장 큰 복이다. 예수님과 매일 깊은 교제를 누려가는 사람은 치유와 구원에 대해서 걱정할 필요가 전혀 없다. 늘 곁에 계시기 때문에, 치유가 필요한 상황이 되면 주님이 치유해 주시고, 궁극적으로 구원을 주실 것이기 때문이다. 참된 치유자요 구원자이신 주님과 매일 교제를 누리는 삶을 포기하지 않길 소원한다.

인생이 끝난 것 같다면?

(막5:35~43)

인생이 끝난 것 같은가?

사람들이 말한다. "넌 끝났어," "넌 죽었어. 회복 불가능이야," "넌 구제불능이야." 이런 소리들이 사람들의 마음으로부터 나의 마음으로 들려온다. 때론 이런 소리들이 사람들의 입에서 들려오기도 한다. 그 소리를 듣고 나도 내게 말한다. "그래. 내 인생은 끝났어. 난 희망이 없어. 이런 상황이라면 주님도 어쩔 수 없을 거야. 난 이제 끝난 인생이야."라고. 그 때 주님은 전혀 다른 말씀을 하신다. 이 말씀이었다.

"두려워하지 말고 믿기만 하라." (막5:36)

그 음성을 듣는 사람은 깨닫는다. 두려움이 자신을 사로잡고 있었음을, 살 수 있다는 희망이 사라졌다고 믿고 있었음을, 그래서 예수님도 보이지 않고 믿어지지 않았다는 사실을 깨닫게 된다. 두려워 할고 믿기만 하라는 주님의 그 음성이 두려움과 불신을 넘어서게 한다.

그 음성은 사람으로부터 들려올 수도 있고, 기도 중에 깨달음으로 올 수도 있고, 말씀을 읽고 묵상하는 중에 올 수 도 있다. 어떤 통로를 통해서든 '두려워하지 말고 믿기만 하라'는 그 음성을 듣기만 하면 살아날 수 있다. 그 음성을 듣는 그때부터 회복이 시작된다. 그 음성 자체가 힘이 있어서 두려움을 극복하게 하고 주님의 말씀을 믿을 용기를 준다.

회복은 일대일로

그런데 그 회복은 1:1로 진행된다. 사람들은 그 회복의 과정을 모른다. 자기 자신과 가장 가까운 사람이 아니면 아무도 모를 것이다.

(막 5:40, 새번역) 그들은 예수를 비웃었다. 그러나 예수께서는 그들을 다 내보내신 뒤에, 아이의 부모와 일행을 데리고, 아이가 있는 곳으로 들어가셨다.

다른 사람이 모르는 그 놀라운 회복이 된 후, 그는 정상적인 삶을 살아간다. 절대로 살아날 수 없어 보였고 회복될 수 없어 보였던 사람이 주님으로 인하여 완전히 회복되어 정상적인 새 삶을 살아가는 것이다. 주님만 인생의 소망이다. 아무리 실패한 인생이라도, 아무리 절망적인 삶이라도, 아무리 처절하게 주저앉은 삶이라도 주님만 만나면 소망이 있다. 회복될 수 있다. 정상적인 삶을 살 수 있다.

나는?

젊은 날, 내 인생이 끝났다고 여겼을 때가 있었다. 도무지 소망이 없었다. 절망 그 자체였다. 왜 사는지, 앞으로 왜 살아야 하는지를 모른 채로 직장에서도 교회에서도 절망의 그림

자에 덮여서 살아가고 있었다.

한 목사님을 만났다. 강의와 설교로 전국을 바쁘게 돌아다니시며 사역하는 목사님이었다. 그 바쁜 와중에 나에게 일주일에 3시간을 할애해 주셨다. 함께 책을 읽고 토론하고 묵상을 나누고 나의 삶의 이야기를 들어주시고 그리고 위로해 주셨다. 그 목사님을 통해 나는 한 음성을 들을 수 있었다. "네 인생은 끝이 아니라 이제부터 새로운 시작이다. 두려워하지 말고 믿기만 하라."라는 음성이었다. 그 절망적일 때에 한 사람을 보내어 나를 회복시키신 분이 하나님이심을 믿는다. 절묘한 타이밍이었다. 그 때부터 나는 다시 살아났다. 주님의 회복의 손길이 그 때 나에게 다가온 것이다. 주의 도우심을 사람을 통해 누려왔기에, 목회자로 살아가는 나도 그렇게 누군가를 회복시키는 도구와 통로로 쓰임 받기를 소원한다. 그 소원 잘 간직하면서 이 길을 조심스레 걸어가려 한다.

왜 내겐 능력이 아닌가?

(막6:1~13)

복음이 능력이다

(막 6:12-13, 새번역) [12] 그들은 나가서, 회개하라고 선포하였다. [13] 그들은 많은 귀신을 쫓아내며, 수많은 병자에게 기름을 발라서 병을 고쳐 주었다.

복음의 능력은 오랫동안 수양을 하거나 더 오랫동안 도를 닦아서 득도에 하거나 사람의 능력을 개발하는 어떤 것이 아니다. 예수님의 제자가 된 사람들은 오랫동안 도를 닦지 않았음에도, 오랜 수양을 하지 않았음에도 벌써 회개하라 전파하고 귀신을 쫓아내고 병자를 고친다. 복음의 능력은 나의 능력이 아니기 때문이다. 복음 자체가 능력이기 때문이다.

복음이 나를 통해 능력으로 드러나려면?

'복음은 능력인데, 내 삶에서는 복음의 능력이 나타나지 않는 이유는 뭘까?' 그것이 많은 그리스도인들에게 심각한 문제다. 내게도 그건 심각한 질문이다. '왜 나에게는 복음이 능력이 아닌가? 분명히 내게도 복음이 임했는데, 도대체 왜 내게는 복음이 능력이 되지 못할까?'

대답은 의외로 간단하다. 내게 임한 복음이 나의 전 존재, 나의 전인격을 사로잡지 못하고 있기 때문이다. 복음이 아직은 나의 전 존재 안으로 깊이 내면화되지 못했기 때문이다. 복음에 내 삶을 다 걸고 있지 않기 때문이다. 복음이 나의 전인격을 사로잡으면 복음은 능력이 되어 나를 통해 일한다. 득도하는 것이 아니라, 수양을 해서 내가 어떤 능력을 가진 존재가 되는 것이 아니라, 복음에 내 삶을 드리느냐 그렇지 않느냐의 문제다.

복음이 요구하는 구체적인 것

전인격이 복음에 사로잡히는 사람에게 주님이 요구하시는 것이 있다.

(막 6:8-9, 새번역) [8] 그리고 그들에게 명하시기를, 길을 떠날 때에는, 지팡이 하나 밖에는 아무것도 가지고 가지 말고, 빵이나 자루도 지니지 말고, 전대에 동전도 넣어 가지 말고, [9] 다만 신발은 신되, 옷은 두 벌 가지지 말라고 하셨다.

복음이 능력이 되는 순간부터 사람의 죄성이 작동하면서 복음을 팔아 장사하고 싶어진다. 죄인인 사람에게 어쩌면 이것은 본능에 가깝지 않을까 싶다. 복음을 팔아 장사하는 사람이 너무 많은 시대다. 그들은 왜 장사꾼이 되었을까? 이 말씀을 자신의 삶에 적용하지 못해서다.

내 삶을 스스로 책임지길 포기하는 것이 복음에 삶을 던지는 사람에게 요구되는 삶의 자세다. 복음에 삶을 드리고부터는 복음이 내 삶을 먹이고 입히는 능력이 된다. 복음의 능력을 믿고 먹을 것, 입을 것, 나의 모든 경제적인 부분까지도 복음에 맡기는 사람이 제자다. 그것은 쉬우면서도 어렵다. 그저 복음에 나의 삶 전체를 맡기면 되는 단순함이기에 쉽다. 그러나 그 속에 탐욕과 욕심을 버리지 않으면 무지 어려운 길이다.

나는?

복음은 정말 능력이다. 큐티 강의를 하고 큐티 나눔 모임을 할 때 깜짝 놀랄 때가 많다. 꽤 오랜 세월 동안 큐티를 해오고 있는 나보다 훨씬 신선하고 깊은 깨달음을 얻는 분을 보는데, 그 분은 큐티를 처음 하신 분이다. 그 분은 왜 그렇게 깊은 깨달음과 은혜를 얻으신 것일까? 그 분이 지혜롭거나 많이 배운 분이어서가 아니다. 그 분의 능력과 아무 상관이 없다. 그 분이 잘 깨달아서가 아니라 그 분이 말씀과 하나님께 갈급하기 때문일 경우가 대부분이었다. 갈급한 그 분에게 하나님의 은혜가 부어지기 때문이었다.

복음 자체가 능력임이 틀림없다. 나의 지성이나 나의 이성이나 나의 인격적 능력이 아니라 복음 자체가 능력이 되어서 나의 삶에 돌파해 들어오는 것이다. 복음이 능력이지 내가 능력자가 아니다. 내가 능력자가 되는 것이 아니라, 복음에 내 삶을 드리느냐 그렇지 못하느냐가 신앙에서 가장 중요한 관건이다.

시작한 사역을 통하여 사람을 살리는 일이 일어나려면 분명하게 내게 일어나야 하는 일이 있다. 복음에 내 인생 전체를 드리는 것이다. 그럴 수 있도록 주의 도우심을 구할 뿐이다.

힘없는 죽음

(막 6:14~29)

침례자 요한의 힘없는 죽음

(막 6:27, 새번역) 그래서 왕은 곧 호위병을 보내서, 요한의 목을 베어 오게 하였다. 호위병은 나가서, 감옥에서 요한의 목을 베어서,

패역하고 음란한 여인의 말 한 마디에 의로운 선지자 침례 요한은 목이 잘려 죽는다. 어이없고 힘없는 죽음에 눈물이 주

르르 흐른다. 바르고 옳은 것을 외친 한 시대를 대표할 만한 선지자가 이토록 허무하게 죽어가다니, 어이없고 슬프고 절망적이고 우울하다.

왜 의로운 선지자인 침례자 요한이 이렇게 죽은 것일까? 이 죽음은 정말 힘없는 죽음이었을까? 하나님은 왜 이런 죽음을 허락하신 것일까?

진짜 힘없는 죽음

진짜 힘없는 죽음이 무엇인지 성경은 연이어 보여준다. 진짜 힘없는 죽음은 힘없는 삶에서부터 나온다. 힘없는 삶 즉 비겁한 삶을 살아간다면 자신의 명을 다 누리고 죽는다 해도 그의 삶은 가장 힘없는 삶이고 그의 죽음은 가장 비참한 죽음이 된다. 그런 삶과 죽음이 어떤 것인지 헤롯이 보여주었다.

(막 6:20, 새번역) 그것은, 헤롯이 요한을 의롭고 성스러운 사람으로 알고, 그를 두려워하며 보호해 주었고, 또 그의 말을 들으면 몹시 괴로워하면서도 오히려 달게 들었기 때문이다.

헤롯은 요한을 의롭고 거룩한 사람으로 알았다. 그러나 그를 죽였다. 한 여인의 꼬임에 넘어가서 자신의 소신까지도 버리면서 의인을 죽인 것이다. 아니 죽일 수밖에 없었다. 왕이라는 엄청난 직위를 가지고도 자신의 소신대로 선택하지도 못하는, 참으로 힘없는 삶을 헤롯은 살았던 것이다.

이후로 그가 아무리 화려하고 성공적으로 살아갔다 해도, 헤롯은 비겁하고 비루한 삶을 살아간 사람일 뿐이다. 그의 비겁하고 비루한 선택이 그의 삶과 죽음을 평가하는 기준이 되어, 그는 영원토록 삶도 죽음도 비겁하고 비루하고 힘없는 존재가 되고 말았다.

힘없어 보이지만 힘 있고 의미 있는 죽음

오래 살아서 자신의 수명을 다 누리고 나서 죽는다고 그 삶이 아름다울까? 그럴 수 없다. 죽음이 아름다우려면 삶이 아름다워야 한다. 하루아침에 허무하게 목 베임을 당한 침례자 요한의 삶은 지금까지도 수많은 사람에 의해서 바른 삶이라고 회자되고 있다. 수많은 사람이 그의 삶과 죽음을 옳다고 말한다. 용감하고 위대한 삶이라고 한다.

침례자 요한의 삶과 죽음은 두려움을 이긴 용감한 삶이요, 사망의 권세를 이긴 죽음이다. 그는 죽음을 두려워하지 않고 진리를 외치는 능력 있는 삶을 살다가 갈 수 있었다.

예수님도, 예수님의 제자들도, 수많은 믿음의 조상들도 모두 이렇게 살다 갔다. 거짓과 사망의 권세에 굴복하지 않고 의롭고 바른 삶, 거룩하고 옳은 삶을 살다가 그 삶을 유지하기 위해서 죽어가는 것이 가장 아름답고 힘 있는 죽음이다. 그런 삶을 살다가 죽어간 사람을 가리켜 '순교자'라 부른다.

결론

오늘 묵상의 결론은 어렵다. 침례자 요한처럼 사는 것이 나와 같은 성품을 가진 사람으로서는 거의 불가능에 가깝기 때문이다. 묵상한 말씀을 가지고 기도하는 중에 깨닫는다. 나의 삶에 아름다운 구석이 조금이라도 있다면 그것은 전부 주께서 이루어 오신 것이다. 내가 이룬 것이 전혀 아니다.

당연히 침례자 요한의 삶과 죽음과 같은 슬프지만 아름답고 의로운 삶과 죽음이 되려면 나의 힘은 아무런 쓸모가 없다. 오직 내가 복음에 내 삶을 얼마나 온전히 드리느냐에 달려 있다. 나는 그저 나의 내면에 하나님의 말씀과 은혜를 채워 가면 된다. 이끄시고 세우시고 이루시는 분은 주님이다. 광야에서 외치는 자의 소리로 살다간 요한처럼 나의 삶도 외치는 자의 소리로만 살아가기를 사모한다. 하나님의 소리가 왜곡되지 않도록 내 속에 끊임없이 하나님의 말씀과 은혜를 채우면서 나의 하루하루를 겸손히 살아가야 하리라. 그것이 내가 해야 할 가장 중요한 일이다.

빈 들과 오병이어

(막 6:30~44)

당시의 빈 들

빈 들이었다. 날도 저물어 갔다. 먹을 것이 없었다. 목자도 없었다. 수많은 서기관과 바리새인들이 있었으나 목자는 없었다. 침례자 요한이 죽었다. 유일하게 목자다웠던 그가 죽었다.

목자를 잃은 사람들이 한적한 곳으로 가신 주님을 보고 모든 고을들로부터 도보로 주님을 향해 나아왔다. 목자 없는 양 같은 그들은 주님의 긍휼의 대상이었다.

현대의 빈 들

빈 들이다. 화려한 도시 속에서 사람들은 빈 들을 살고 있다. 설교가 넘쳐나고 성경공부도 넘쳐나고 자기 계발을 위한 각종 세미나도 차고 넘친다. 이토록 먹을 것이 넘쳐나지만 이상하게 사람들은 기근으로 고통 받고 있다. 풍요 속의 기근이란 이런 경우를 두고 하는 말인가 보다. 목자 없는 양과 같이 유리하고 방황하는 수많은 사람들이 있다.

세상이 온통 빈 들이다. 날도 저물어 간다. 먹을 것들이 없어 보인다. 풍요로워 보이지만 영혼은 메말라 간다. 나도 먹을 것이 없다. 목자 없는 양 같은 이들에게 필요한 것은 생명의 떡이다. 생명의 떡은 오직 주님이다. 오병이어의 기적은 오직 주님이 주시는 기적이다.

내 삶도 빈 들

나도 빈 들에 서 있다. 날이 저물고, 먹을 것은 없다. 나의 매일은 빈 들이다. 나의 매일은 날이 저물고 먹을 것이 없는 날들이다. 나에게 필요한 것은 주님의 긍휼이다. 주님의 가르침이다. 주님을 만나기 위해 나의 고을에서 한적한 곳으로 찾아 가야 한다. 주님 만나러 매일 걸어가야 한다. 나의 내면의 분주함을 떠나, 나의 일상의 번잡함을 떠나, 주님 만나러 걸어가야 한다. 주님 계신 한적한 곳으로.

주의 긍휼을 먹고 살아가는 존재가 사람이다. 주의 긍휼에 목매어 살아가야 하는 존재가 사람이다. 주님이 아닌 다른 것을 찾으면 목자 없는 양이 된다. 배고프고 주리고 목말라 허덕이게 된다. 세상의 그 어떤 것으로도 영혼의 허기와 영혼의 목마름과 영혼의 공허를 채울 수가 없다. 오직 주님만 소망이다. 주님만 내게 오병이어의 기적을 주신다. 주님만 이 시대의 소망이다. 주님만 나의 소망이다.

주일인 오늘은 내 마음의 분주함을 떠나서 나의 발걸음을 주님 계신 한적한 곳으로 옮겨야 하는 가장 중요한 날이다. 분주하고 번잡하게 많은 교회 일을 하기 보다 나의 분주함을 떠나 예배의 한적함 속으로 가서 주님을 온 삶으로 만나야 하는 날이다. 나의 소망 주님을 기대한다.

마음을 방치하면

(막 6:45~56)

신앙생활에서 가장 중요하게 다루어야 할 것은 무엇일까? 마음이다. 신앙생활뿐이겠는가? 일상의 삶에서도 가장 중요하게 다루어야 할 것은 돈이 아니고, 명예도 아니고, 마음이다.

마음을 방치하면?

마음은 관리해야할 대상이다. 마음을 그냥 방치하면 심각한 일이 발생한다. 어떤 문제가 발생할까?

(막 6:52, 새번역) 그들은 빵을 먹이신 기적을 깨닫지 못하고, 마음이 무뎌져 있었다.

제자들은 마음을 관리하지 못했다. 어쩌면 관리해야 한다는 사실도 몰랐을 것이고, 관리하는 방법도 몰랐을 것이다. 어쨌든 마음을 관리하지 못했고, 그 결과 그들의 마음은 무뎌졌다. 개역개정 성경으로 표현하면 둔하여졌다. 마음은 관리하지 않으면 무뎌지고 둔해진다. 분명히 오병이어의 기적을 얼마 전에 보았으나 예수님이 어떤 분이신지 깨닫지 못했다.

마음은 깨달음과 깊은 관계가 있다. 마음을 잘 관리하면 깨달음이 생긴다. 사소한 일에도, 간단한 성경구절 하나에도, 누군가의 말과 행동 하나에도 깨달음을 얻는다. 교훈을 얻는다. 그러나 마음을 관리하지 않으면 아무런 깨달음이 없다. 보아도 보지 못하고 들어도 깨닫지 못한다. 마음을 방치하면 인생의 가장 심각한 문제에 곧 직면하게 될 것이다. 인생에서 가장 심각한 문제는 돈의 문제도, 명예의 문제도 아니고 깨달음의 문제다 마음을 방치하면 깨닫지 못하게 된다. 즉 마음이 무뎌지고 둔해진다. 그것이 가장 심각한 문제다.

마음을 관리하는 방법은?

마음을 관리하는 방법은 예수님이 본을 보여주셨다. 어떤 면에서는 간단하지만, 또 다른 면에서는 결코 쉽지는 않은 것이 마음을 관리하는 것이다.

(막 6:46, 새번역) 그들과 헤어지신 뒤에, 예수께서는 기도하시려고 산에 올라가셨다.

예수님이 본을 보여주신 대로 마음을 관리하려면 두 가지가 필요하다. 첫째, 마음을 관리하려면 '무리와 작별'해야 한다. 사람들의 무리 속에서는 자신의 마음을 살펴볼 수가 없다. 자신의 마음을 살펴보지 못하면 하나님을 만날 수도 없다. 예수님은 공생애 기간 동안 늘 한적한 곳으로 가셨다. 새벽 오히려 미명에 산으로 가셨다. 왜 한적한 곳이며, 왜 새벽 오히려 미명이었으며, 왜 산으로 가셨을까? 모두 무리를 떠나기 위해서였다. 예수님이 바쁘지 않아서 그런 시간을 가지신 것도 아니었다. 너무 바쁘셨다. 병자들이 몰려와서 밤늦게까지 병자들을 치료하셨다. 그리고도 새벽에 산으로 가셨다. 무리를 떠나는 것이 중요하다. 조용히 나 혼자서만 있는 시간이 필요하다. 그때가 되어서야 비로소 내 마음을 만날 수 있다. 무리를 떠나 혼자 조용히 내 마음을 만나야 비로소 하나님을 만나 교제할 수 있다.

둘째, 마음을 관리하려면 기도해야 한다. 예수님은 공생애 기간 동안 '습관을 좇아' 기도하셨다. 기도란 주술적인 행위나 혼자 열심히 소리 지르는 것이 아니다. 기도란 '하나님과의 대화'다. 하나님을 만나 대화하는 것이 기도다. 하나님 앞에 설 때에야 사람은 비로소 자신의 마음을 볼 수 있다. 하나님 앞에 설 때에야 사람은 비로소 자신의 죄인됨을 볼 수 있다. 자신의 마음이 얼마나 부패한 존재인지를 하나님을 만나 대화할 때 비로소 알게 되는 것이다.

하나님을 만나서 하나님과 대화하는 기도의 시간이 없다면 나의 마음은 늘 방치되고 있는 것이다. 하나님을 만나는 기도의 시간을 규칙적으로 가지신 주님은 마음이 둔해지지 않으셨다. 두려워하지 않으셨다. 당당하고 담대하지만 묵묵하고 담담히 자신의 길을 걸어가셨다. 기도하는 사람에게, 정기적으로 하나님을 만나 대화하는 사람에게 하나님은 복을 주신다. 그 복은 마음이 둔해지지 않는 복, 사소한 것들을 통해서도 깨달음을 얻는 복, 환경의 영향을 받지 않고 담담하고 묵묵히 자신의 길을 걸어가는 복이다. 인생의 문제는 마음의 문제다. 마음이 둔해지는 것이 나의 인생에서 가장 심각한 문제다.

나는?

바쁜 삶을 살아가고 있다. 학원을 운영하고 교회를 섬기고 신대원 공부도 하고 있다. 바쁜 삶이 줄 수 있는 가장 위험한 일은 마음을 돌아보지 못하는 것이다. 바쁘면 마음의 상태를 무시하고 주어진 '일'에만 온통 몰두하는 태도로 일상을 살아가기 쉽다. 내가 지금 그럴 수 있는 위험성을 충분히 안고 살아가고 있다.

나는 이런 상황에서 무엇을 해야 마음을 지킬 수 있을까? 마음을 지켜야 신자답게 살아갈 수 있고, 목회자답게 살아갈 수 있을 텐데, 어떻게 해야 할까? 다른 방법을 나는 모른다. 그저 매일 말씀 앞에 선다. 매일 묵상하는 말씀을 통해서 하나님을 만나고 하나님과 대화한다. 그 속에서 나의 마음을 만난다. 나의 내면의 상태를 살핀다. 말씀이 거울이 되어 나의 마음을 본다. 그렇게 만나는 마음을 하나님께 보여드리고 주의 긍휼을 구한다. 이렇게 묵상하는 말씀이 있어서 그나마 하루하루 겸손히 주의 긍휼을 구하는 마음을 유지할 수 있는 것 같다.

주님께서 습관을 따라 매일 한적한 곳에서 기도하심처럼, 나도 말씀을 묵상하며 주님과 교제하는 것을 가장 거룩한 습관으로 삼으며 매일의 삶을 살아가려 한다. 그 속에서 누리는 주의 은혜가 나에게 생명이기 때문이다.

Chapter 4

마가복음 7-8장 묵상

진짜 씻어야 할 것

(막7:1~13)

바리새인과 서기관들

(막 7:5, 새번역) 그래서 바리새파 사람들과 율법학자들이 예수께 물었다. "왜 당신의 제자들은 장로들이 전하여 준 전통을 따르지 않고, 부정한 손으로 음식을 먹습니까?"

바리새인과 서기관들은 열심히 손을 씻고 그릇도 씻었다. 그것을 장로들의 전통으로 지켰다. 그것들은 그냥 청소, 세수,

설거지일 뿐인데, 그것들은 왜 장로들의 전통이 되었을까? '장로들의 전통'이라는 거창한 표현 안에 중요하지 않은 내용으로 가득했던 것으로 보아 바리새인들과 서기관들이 무엇에 집중했었는지 짐작을 할 수 있을 것 같다. 그들은 엉뚱한 것에 목숨을 걸었다. 사소한 것에 목숨을 걸었다. 엉뚱하고 사소한 것에 목숨 걸다가 그들은 정작 중요한 것을 놓쳐 버렸다. 진짜 중요한 사랑과 용서와 관용을 버렸다.

진짜 씻어야 할 것은 그들의 손이 아니라 그들의 미움이었고, 그들의 마음이었고 그들의 이기심과 교만이었는데, 손을 씻는 것을 장로들의 전통으로 삼음으로 미움과 더러워진 마음과 이기심과 교만을 씻는 것을 게을리 하고 무시했던 것이다.

현대인들

바리새인과 서기관들만 사소하고 엉뚱한 것에 목숨을 걸었을까? 그럴 리가 없다. 엉뚱한 것에 목숨을 거는 현대의 교회들을 본다. 현대 교회들은, 그리고 그 속에 속한 교인들은 교회라는 건물이나 교회의 조직 자체를 유지하고 발전시키기 위한 일을 하는 것을 신앙적인 삶이라고 착각하는 것 같다. 교회 안에 어이없는 전통들이 얼마나 많은지 모른다. 그것들은 생명과 관계없는 것들이다.

생명과 관계되는 것은 나의 마음과 영혼과 내면의 문제다. 눈을 떠서 내 속에 무엇이 있는지 보아야 한다. 그것이 신앙적인 삶의 핵심이다. 내 속의 악한 생각, 악한 의도, 악한 욕망을 보고 주의 긍휼을 구하는 것이 올바른 신앙의 삶이다. 더러운 손이 문제가 아니라, 더러운 건물의 상태만 문제가 아니라, 예배당이 낡고 작은 것이 문제가 아니라 마음과 내면이 더러워져서 탐욕과 욕망의 지배를 받는 것이 문제다. 현대의 신앙인들이 엉뚱한 것에만 신경을 온통 쏟으면서 신앙의 본질에 대해서는 눈을 감고 있는 것만 같아서 마음이 아프다.

나는?

사람에게 불편한 마음이 생긴다면 그 사람이 잘못한 것도 문제지만 사실 내가 더 심각한 문제에 빠진 것이다. 나의 잘못이 더 크고 나의 죄가 더 중하다. 형제를 미워하는 죄, 형제를 판단하는 죄에 빠진 것이기 때문이다. 형제의 문제보다 나의 눈이 더 잘못된 것이다.

상대를 내가 변화시키려는 잘못된 의도에서 벗어나야 한다. 상대방은 하나님이 변화시킨다. 나도 하나님만 변화시킬 수 있음과 동일하다. 내가 할 수 있는 것은 용서와 관용과 사랑뿐이다.

목회를 시작하면서 참 감사하다. 성도들을 내가 변화시켜야 한다는 부담감을 아예 갖지 않고 목회를 시작한다는 사실에 감사하다. 성도들을 변화시키는 것은 오직 말씀의 능력이요, 하나님의 능력임을 믿는다.

성도가 변하지 않는다면 내가 전하는 말씀에 능력이 없는 것이니, 그것은 성도의 잘못이 아니요 나의 잘못이다. 나와 하나님과의 관계에 문제가 생겨서 말씀에 능력이 나타나지 못하는 것이니 성도들은 잘못이 없다. 내가 회개하여 새롭게 하면 된다. 이 생각을 갖고 목회를 시작했으니 나는 참으로 행복한 목회자가 아닐까 싶다. 목회를 시작한지 2주 밖에 되지 않았으니 당연히 목회가 행복하겠지만, 목회를 하면서 예전과 비교할 수 없이 정말 자유롭다. 행복하다. 앞으로도 계속 이런 행복으로 목회를 하면 좋겠다. 이런 자유를 놓치고 싶지 않다.

목회를 하면서 손을 씻는다거나, 청소를 한다거나, 설거지를 하는 문제 등으로 서로 피곤하지 않기를, 사소하고 외적인 일들로 서로 마음 상하지 않기를, 오직 말씀의 능력이 목회자인 나와 성도들 모두에게 적용되기만을 기도한다. 말씀의 능력이 나를 먼저 사로잡아 나의 마음과 내면을 통과한 말씀이 선포되기를 기도한다. 나에게 도전을 주어서 내가 깨어진 말씀이 나를 통해 선포되기를 기도한다.

음식은 마음으로 들어가지 않는다

(막 7:14~23.)

음식으로 마음을 다룰 수 있을까?

젊은 날 음식을 구별한 적이 있었다. 구약에 나오는 음식법을 지켜봤었다. 대표적으로 돼지고기를 먹지 않았다. 그랬더니 외식을 하면 먹을 음식이 거의 없었다. 김밥을 먹을 때 김밥 안에 든 햄을 빼내고 먹을 정도였으니 여간 불편한 게 아니었다. 그런 짓을 한 이유는 한 가지였다. 깨끗해지고 싶어서였다. 내면의 깨끗함, 생각의 정결함을 얻고 싶어서였다. 그렇게 한동안 음식을 구별하고 깨달은 것이 있다. 성경에 기록된 이 구절의 깨달음이다.

(막 7:19, 새번역) "밖에서 사람 안으로 들어가는 것은 무엇이든지, 사람의 마음 속으로 들어가지 않고, 뱃속으로 들어가서 뒤로 나가기 때문이다." 예수께서는 이런 말씀을 하여 모든 음식은 깨끗하다고 하셨다.

음식은 나의 마음으로 들어가지 않는다는 사실이었다. 음식은 배로 들어가 뒤로 나올 뿐이었다. 아무리 음식을 구별해보아도 여전히 나의 마음은 더러웠다. 추하고 악했다. 온갖 추악한 것들이 내 속에서 들끓고, 그것들은 은연중에 나의 입에서, 나의 행동에서, 나의 눈빛에서 드러났다. 음식과 내면의 정결이 아무 상관이 없음을 그렇게 온 몸으로 깨닫고 나서 음식 구별을 더 이상 할 수 없었다. 지금은 당연히 맛있게 모든 음식을 먹는다.

그러고 나니 이제, 더 심각한 문제가 생긴다. 마음의 더러움은 어떻게 해결하느냐의 문제다.

마음의 더러움을 해결할 방법

야속하게도 주님은 속에서 나오는 것들이 사람을 더럽게 한다고 말씀하시고 나서 아무런 해결책도 말씀하시지 않으셨다.

(막 7:21-23, 새번역) **[21] "나쁜 생각은 사람의 마음에서 나오는데, 곧 음행과 도둑질과 살인과 [22] 간음과 탐욕과 악의와 사기와 방탕과 악한 시선과 모독과 교만과 어리석음이다. [23] 이런 악한 것이 모두 속에서 나와서 사람을 더럽힌다."**

이 구절을 읽으면서 '그래서요?'라는 질문이 나온다. '그래서 그 다음은 어떻게 해야 하죠?'라고 질문이 나온다. 이 구절은 내가 평생 경험해 온 사실인데, 여전히 해결책을 모르고 있기 때문이다. '내 속에서 더러운 것들이 쏟아져 나온다는 이 불편한 진실 속에서 괴롭게 살아온 날들이 얼만데, 너무 잘 아는 사실을 들춰내기만 하시고 아무런 해결책을 주시지 않으심은 주님답지 않은 것 아닙니까?'라고 항변을 해본다.

왜 주님이 해결책을 말씀하시지 않으셨을까? 아직 멀었지만, 여전히 평생을 가야할 일이겠지만, 많이 좋아진 나의 내면을 보면서 깨달아지는 것이 있다. 두 가지다.

첫째, 내면의 더러움을 아는 것이 중요하다. 나의 내면에 얼마나 더러운 것들이 있는지 알고 직면하는 것이 중요하다. 나의 내면의 더러움에 대한 가장 나쁜 대처는 그것들을 보지 않는 것이다. 나의 내면의 더러움에 관심을 갖지 않는 것이다. 나의 더러움을 보는 것이 중요하다. 보아야 하고 직시해야 하고 직면해야 한다. 그리고 절망해야 한다. 사람의 한계 앞에서, 나의 한계 앞에서, 그래서 나의 죄인 됨 앞에서 절망하고 울어야 한다.

내 속에서는 선한 것이 나올 수 없다. 나는 절대로 선하지 못하다. 틈만 나면 더러운 것들이 솟구쳐 올라온다. 그 사실을 아는 것, 그 사실을 느끼는 것, 그래서 나의 존재의 본질을 보는 것이 중요하다. 아담의 죄가 나에게 유전되었음을 그제서야 깨닫게 된다. 나는 신분이 '죄인'임에 틀림없음을 온몸으로 느끼게 된다. 이 깨달음을 가지는 것이 내면의 더러움을 해결할 첫 번째 단계이다.

둘째, 십자가다. 주님이 해결책을 제시하지 않으신 이유를 이제야 알게 된다. 아직 해결책이 없었기 때문이 아닐까 싶다. 해결책은 단 하나 밖에 없다. 주님이 그 모든 더러움을 지고 대신 죽으시는 것이다. 아직 죽으실 때가 되지 않았기에 아무 말씀도 하지 않으신 것 같다. 해결책은 십자가에 있다.

그런데 십자가가 해결책이라는 것은 무슨 의미일까? 아무 생각 없이 십자가만 바라보면 십자가가 부적처럼 작용하는 것일까? 그럴 리가 없다. 자신의 존재 자체가 죄인이라는 사실을 깨닫고 나서, 자신의 속에서 나오는 모든 것이 더럽고 추한 것이라는 사실을 깨닫고 나서, 아무 해결책이 없음을 절감하고 나서 십자가를 바라보면 그 십자가가 얼마나 위대한 해결책인지 알게 된다. 나의 모든 더러움을 어깨에 짊어지시고 예수께서 죽으셨다. 나대신 말이다. 그 처절한 절망의 순간에 십자가를 바라보면서 단번에 구원을 경험하게 된다.

나의 더러움에서 자유하게 되는 그 놀라운 구원을 경험하고, 또 경험하면서 나의 더러움의 문제는 차츰차츰 해결되는 것도 경험하게 된다. 예전과 비교해서 말할 수 없이 좋아진 것을 어느 순간 느끼게 된다.

십자가는 그래서 능력이다. 십자가는 그래서 구원의 능력이다. 십자가를 오늘도 바라본다. 그 놀라운 구원을 오늘도 찬양한다.

십자가 십자가 내가 처음 볼 때에
나의 맘의 큰 고통 사라져.
오늘 믿고서 내 눈 밝았네.
참 내 기쁨 영원하도다.

아멘.

아무도 모르게

(막7:24~37)

기적과 이적을 행하면 누구라도 알리고 싶어 한다. 알려서 유명해지고 싶어 하고 영광을 취하고 싶어 한다. 그러나 예수 님은 다르셨다. 예수님은 기적을 행하시지만 결코 유명해지고 싶어 하지 않으셨다. 유명해지길 원하지 않으신 이유를 살펴 본다.

십자가

(막 7:24, 새번역) 예수께서 거기에서 일어나셔서, 두로 지역으로 가셨다. 그리고 어떤 집에 들어가셨는데, 아무도 그것을 모르기를 바라셨으나, 숨어 계실 수가 없었다.

주님은 십자가의 길을 걸어가실 것이다. 영광이 아니라 수치와 모욕과 죽음의 길을 그 순간도 걸어가고 계신 것이었다. 당연히 주님의 마음에는 십자가로 가득 차 있을 것이다. 십자가의 죽음이 앞에 놓여 있음을 아시기에 영광도 유명함도 아무 의미가 없다. 주님께서 이 땅에서의 삶을 가장 잘 사는 것, 사명을 완수하는 것은 기적을 더 많이 베푸시는 것이 아니라 십자가에서 죽으시는 것이었다.

그 죽음이 이 땅에서의 삶의 마무리임을 알고 계셨기에 유명해지는 것, 영광을 얻는 것이 얼마나 무익한지 잘 알고 계셨다. 유명해지는 것은 사명과 아무 관계가 없기 때문에 유명해지길 전혀 원하지 않으셨다.

사역의 근본 이유

(막 7:34, 새번역) 그리고 하늘을 우러러보시고서 탄식하시고, 그

에게 말씀하시기를 **"에바다"** 하셨다. **(그것은 열리라는 뜻이다.)**

'탄식'이 주님의 사역의 근본 이유였다. 귀먹고 말 더듬는 사람을 보시고 깊은 한숨을 쉬셨다. 귀신들린 자들과 각종 병들로 고통 받는 사람들을 보시고 주님은 애통하셨다. 병자를 치료하시고 귀신을 쫓아내시고 기적을 행하신 주님의 근본적인 이유는 긍휼과 애통이었다. 긍휼과 애통의 마음에서 나오는 기적 행하심과 치유의 사역이었기에 주님은 영광과 유명세에 전혀 관심이 없으셨다. 그래서 주님은 사람을 치료하실 때 '그 사람을 따로 데리고 무리를 떠나서'(막7:33) 사람들이 적은 곳에서 치료하셨고, 그것을 본 사람들에게 '경고하사 아무에게도 이르지 말라'고 (막7:36)하셨다.

나는?

사역의 특징 중 하나는 사람 앞에 설 일이 많은 것이고, 사람의 주목을 받을 수밖에 없는 것이다. 그래서 조심해야 한다. 극도로 조심해야 한다. 주님의 이야기에서 주님이 나에게 경고하시는 듯하다. 유명해지는 것과 영광 받는 것에는 관심

갖지 말라고, 내가 져야할 십자가에 집중하고, 사역의 근본 이유에만 집중하라고.

목회자가 되고 나니 많은 사역자들을 만나게 된다. 목사님, 전도사님들과 찬양사역자들도 제법 만나보면서 좋은 사역자를 만나는 것이 얼마나 중요한지 깨닫게 된다. 나쁜 사역자는 영광을 스스로 취하는 사역자, 유명해지기를 갈망하는 사역자, 커지기를 소원하는 사역자들이다. 그런 사역자들을 만나면 사역의 크기와 상관없이 그 사람이 얼마나 초라해 보이는지 모른다. 이미 사역의 본질을 잃어버린 불쌍한 영혼들일 뿐이다. 그런 사역자들을 만나서 교제하면 두 번 다시 만나고 싶은 생각이 들지 않는다. 때론 속에서 울컥하고 욕이 올라올 때도 있다.

다행히도 좋은 사역자들이 곳곳에서 자신의 사역을 조용히, 그러나 힘차게 감당하고 있다. 그 분들을 한 분 한 분 만나면서 소망을 얻는다. 그분들을 만나면서 도전을 받는다. '나도 저런 사역의 삶을 살아야지...'하는 도전이다.

사역자가 아니어도 유명과 영광을 목표로 살아가고 있다면 그 사람은 주님과 반대의 길을 가고 있는 것이다. 유명과 영광은 결과로 주어질 수는 있으나, 그걸 원해서 그 방향으로 간다면 결코 영혼에 유익한 것이 아니다. 누구라도 유명과 영광을 목표로 하는 삶은 중단해야 한다.

사역의 근본적인 이유와 본질에 집중해야 한다. 예수님의 사역의 근본적 이유와 본질은 '못 듣는 사람도 듣게 하고, 말 못하는 사람도 말하게' 하는 것이었다. (막7:37) 궁극적으로는 사망에 매여 종노릇하는 하나님의 백성을 구원하는 것이었다. 나의 사역의 근본적 이유와 본질도 마찬가지다. 사람을 살리는 것, 사람을 회복시키는 것, 내가 주의 은혜로 회복되고 살아난 것처럼 하나님이 만나게 하시는 사람을 주의 은혜로 회복시키고 살리는 것이다. 그러기에, 사망에 매여 종노릇하는 사람들을 보면서 마음에 깊은 '탄식'을 가지는 것이 사역자가 된 나에게 가장 중요한 자격이다. 주의 은혜만을 구한다.

길에서 기진하리라

(막 8:1~13)

주님이 기적을 베푸신 것은 사람들이 생각하는 기적 행함과 무척 다른 점이 있다. 기적을 행하시기 전 주님의 말씀에서 무리를 향한 주님의 깊은 사랑이 느껴진다.

(막 8:3, 새번역) 내가 그들을 굶은 채로 집으로 돌려보내면, 길에서 쓰러질 것이다. 더구나 그 가운데는 먼 데서 온 사람들도 있다.

예수님이 베푸신 기적은 자신의 능력을 과시하기 위해 일으킨 해프닝이 아니었다. 신기한 어떤 일이 아니라, 주님의 마음 깊은 곳에서 나온 긍휼의 결과였다. 긍휼의 결과인 기적을 다시 베푸시는 주님을 보는 제자들의 반응은 어땠을까?

질문 : 이 광야 어디에서?

(막 8:4, 새번역) 제자들이 예수께 말하였다. "이 빈 들에서, 어느 누가, 무슨 수로, 이 모든 사람이 먹을 빵을 장만할 수 있겠습니까?"

여전히 둔한 마음으로 깨달음이 없는 제자들이다. 5병2어의 기적, 물 위로 걸으신 예수님을 본 것을 완전히 잊은 듯한 질문이다. 당장 눈앞에 닥친 문제만 보이는 제자들이다. 눈앞의 문제만이 가장 심각한 문제이고, 그것만이 전부이고, 그래서 주님을 보지 못하는 안타까운 제자들의 모습이 이 질문에서 보인다.

눈앞의 엄청난 문제 앞에서 하나님도, 주님도 보지 못하고 주님의 능력도 믿지 못하고 있는 제자들의 모습은 당장 눈앞에 발생하는 문제들 앞에서 그 문제에만 집중해서 하나님의 능력을 믿지도 생각하지도 못하는 나의 모습과 너무 똑같다.

주님의 대답 : 너희에게

(막 8:5, 새번역) 예수께서 그들에게 물으셨다. "너희에게 빵이 몇 개나 있느냐?" 그들이 대답하였다. "일곱 개가 있습니다."

주님은 대답하시는데, 그 대답을 질문으로 하셨다. 주님이 많이 쓰시는 방법이다. 내가 질문하면 주님은 대답 대신 내가 생각할 만한 질문을 다시 주실 경우가 많다. 주님의 질문을 받으면 그 질문을 통하여 대답을 발견한다.

주님의 대답이신 질문을 듣고 제자들은 자신들에게 있는 떡 7개를 보게 되었다. 그리고 아마도 5병2어의 기적을 생각해 내었을 것이다. 주님의 질문 앞에 서는 것은 문제에만 고정된 나의 시각을 바꾸어 준다. 주님의 질문을 듣고, 주님의 대답을 듣고, 주님의 말씀을 듣는 훈련은 그래서 중요하다. 주님의 질문과 대답을 듣는 순간, 순식간에 내 삶을 보는 나의 시각이 바뀔 수 있다. 나 중심에서, 문제 중심에서 시각이 바뀌어 주님의 능력을 보게 된다.

주님의 대답은 '광야 어디로 가라.'가 아니라, '너희에게 무엇이 있느냐?'였다. 내가 가진 초라한 떡 몇 개를 볼 줄 알아야 한다. 그 초라한 떡 몇 개가 수천 명을 먹일 수 있다. 주님이 축사하시기만 하면 생각지도 못했던 놀라운 일이 얼마든지 일어날 수 있다. 주님의 내 삶을 향해 축사하시는 순간부터 내 삶에 있는 그 조그맣고 초라한 것들이 수많은 사람을 살리는 재료가 될 수 있다.

그래서 내 삶에 간절히 필요한 것은 초라함을 넘어서는 크고 위대한 그 무엇이 아니라 주님의 축사다. 떡을 떼시고, 포도주 잔을 드시고 축사하신 그 주님의 축사가 내 삶에 임할 때, 나에게 있는 것들이 초라하기 그지없는 것들이지만, 그것들을 통해서 상상할 수 없는 기적이 일어날 수 있다.

표적이란?

(막 8:11-12, 새번역) [11] 바리새파 사람들이 나와서는, 예수에게 시비를 걸기 시작하였다. 그들은 예수를 시험하느라고 그에게 하늘로부터 내리는 표징을 요구하였다. [12] 예수께서

는 마음 속으로 깊이 탄식하시고서 말씀하셨다. "어찌하여 이 세대가 표징을 요구하는가! 내가 진정으로 너희에게 말한다. 이 세대는 아무 표징도 받지 못할 것이다."

　표적은 불신을 믿음으로 바꾸는 도구가 아니다. 주님은 자신을 표적으로 증명할 필요가 없으신 분이다. 표적은 불신을 믿음으로 바꾸기 위한 것이 아니라, 믿음 안에 있는 자에게 필요한 것을 채우기 위한 과정이다. 믿는 자가 더 확신 안에 거하도록 하는 도구인 것이다. 표적을 위한 표적은 가장 어리석은 것이다. 내 삶이 예수님께 가까이 갈 때 저절로 표적이 주어진다. 표적을 많이 보게 된다. 나의 배고픔과 목마름과 어려움들이 주의 마음을 움직인다. 주님의 긍휼이 내게 임하여 기적으로 나타난다.

　그래서 나는 내 삶에 대해 걱정할 필요가 없다. 교회의 어려움에 대하여도 걱정할 필요가 없다. 주님이 나와 교회를 긍휼히 여기시기 때문에 주님이 채우신다. 주님을 믿는 나의 삶에 임하는 것이 주님의 기적이요 표적이다. 주님은 사랑과 긍휼로만 기적을 주시는 분이다. 나는 그 주님을 믿고 신뢰하기만 하면 된다.

떡과, 삶의 본질

(막 8:14~26)

떡이 중요한 제자들

(막 8:16, 새번역) 제자들은 서로 수군거리기를 "우리에게 빵이 없어서 그러시는가 보다" 하였다.

제자들에게는 떡이 중요했다. 떡을 생각하고 있었다. 그래서 예수님이 누룩 이야기를 하시자 바로 떡과 연결지었다. 제자들은 마음에 떡 생각으로 가득 차 있어서 예수님 이야기가 제대로 들리지 않았다. 마음에서 무엇이 중요하면 그 중요함에 마음을 빼앗긴다. 그리고 듣고 보는 모든 것을 그 중요한 것과 연결시킨다. 사람은 그럴 수밖에 없는 것 같다.

떡이 가장 중요하면 다른 것은 보이지 않는다. 다른 것은 들리지 않는다. 돈이 가장 중요하면 다른 것은 보이지 않는다. 다른 것은 들리지 않는다. 오직 떡만 생각하게 되고 오직 돈만 생각하게 되고, 떡과 돈과 연결된 것만 들리게 되고, 다른 것을 보고 들어도 떡과 돈과만 연결 짓게 된다. 그 마음은 무뎌진 마음, 둔한 마음이 된다.

본질을 말씀하시는 주님

(막 8:23, 새번역) 예수께서 그 눈먼 사람의 손을 붙드시고, 마을 바깥으로 데리고 나가셔서, 그 두 눈에 침을 뱉고, 그에게 손을 얹으시고서 물으셨다. "무엇이 보이느냐?"

예수님은 움직임은 늘 놀랍다. 맹인을 치료하시는데 이왕이면 사람이 많은 마을 안에서 치료하셔야 사람들이 알아보고 유명해질 것 아닌가? 그런데 예수님은 '마을 밖으로 데리고 나가셔서' 치료하신다. 사람들에게 드러나고 사람들 사이에서 유명해지기를 거부하시는 주님의 모습이다. 그 방향은 틀린 방향이기 때문이다.

드러나기를 원하고 유명해지기를 원하는 사역자들의 모습을 많이 본다. 그래서 커지고 유명해지기도 한다. 그러나 그렇게 그들은 망해가고 있는 것이다. 그들의 모습이 안타깝다. 그렇게 커지려 하고 위대해지려 하는 동안 그들은 주님이 추구하신 본질과 벗어나 악한 길로 달려가게 된다.

그럼 사람이 추구해야할 가장 본질적인 것은?

사람은 가장 본질적인 가치를 추구해야 한다. 그러기 위해서 가장 중요한 일은 잘못된 것을 제거하는 것이다. 바른 삶과 신앙을 위해서 반드시 제거해야 할 것이 있다. 무엇을 제거해야 할까?

(막 8:15, 새번역) 예수께서 제자들에게 경고하여 말씀하셨다. "너희는 주의하여라. 바리새파 사람의 누룩과 헤롯의 누룩을 조심하여라."

무언가를 더 많이 채우고 가지려 하기 전에 바리새인의 누룩과 헤롯의 누룩을 '제거'해야 한다. 바리새인의 특징을 한마디로 정의하면 '외식'이라고 할 수 있겠다. 겉으로 사람들에게 어떻게 보이느냐가 가장 중요한 것이다. 자신의 위치를 자신이 만들어 보려는 의도가 있는 행동이 외식이다. 그리고 헤롯은 갖은 정치적 수완을 부려서 자신의 입지를 세워온 사람이다. 자신이 원하는 것은 어떤 수단과 방법을 가리지 않고서 차지하는 사람이다. 두 누룩의 공통적 특징은 자신의 삶을 자기 스스로 어떻게 해보려는 태도다. 가장 피해야 할 삶의 태도는 내 삶에서 성공을 얻으려고 나 스스로만 몸부림치는 삶이다. 그럼 어떻게 살아야 할까? 자기 스스로 자신의 삶을 성공하려고 갖은 수단을 다 사용해서 달려가는 것이 사람의 본능적인 모습인데, 그 태도를 버리면 도대체 어떻게 살아야 하는 것인가? 다시 떡의 문제로 돌아간다. 그것은 떡과 관계가 깊다.

(신 8:3, 새번역) 주님께서 당신들을 낮추시고 굶기시다가, 당신들도 알지 못하고 당신들의 조상도 알지 못하는 만나를 먹이셨는데, 이것은, 사람이 먹는 것으로만 사는 것이 아니라 주님의 입에서 나오는 모든 말씀으로 산다는 것을, 당신들에게 알려 주시려는 것이었습니다.

사람은 떡으로만 사는 존재가 아니다. 하나님의 말씀으로 사는 존재다. 그것을 믿는 것이 바른 삶이다. 자기 스스로만 자신의 삶을 책임져야 하는, 그래서 떡에 목숨을 거는 삶에서 벗어나 하나님의 말씀에 삶을 거는 것이 사람이 누릴 가장 큰 복이다. 그럴 때, 5병2어의 기적, 7병2어의 기적을 경험하게 될 것이다. 그리고 깨달음을 얻게 될 것이다. 무디고 둔한 마음에서 자유로워질 것이다. 사람이 떡으로만 사는 존재가 아님을 마음 속 깊이 깨닫게 될 것이다.

나는?

부산에서의 삶을 접고 학원을 인수하고 경기도로 이사를 한 것은 신학을 공부하기 위해서였다. 이건 내가 생각해도 너무 무리한 시도였다. 그런데 이렇게 한 것은 말씀의 인도하심 때문이었다. 매일 묵상하는 말씀을 통해 제법 오랫동안 계속 도전을 받았고, 그 도전에 내 삶을 걸기로 결단한 것이었다. 그렇게 4~5년을 보낸 뒤에 지금은 신대원에 입학을 해서 1년을 보냈고, 교회를 개척하기까지 했다. 놀라운 일이 아닐 수 없다.

나의 삶을 성공만을 추구했다면 이런 길을 결코 선택하지 않았을 것이다. 성공이 아니라 의미가 중요했고, 잘 먹고 잘 사는 것이 아니라 말씀의 인도를 받는 삶을 살고 싶었다. 그러려면 신8:3의 말씀대로 떡으로만 살지 않고, 즉 먹고 살기 위해서만 살지 않고 하나님의 말씀으로 살아가는 삶에 도전해야 했다. 그래서 묵상하는 말씀이 내 마음에 주는 도전을 무시하지 않기로 결단한 결과, 오늘의 이 모습으로 살아가고 있는 것이다.

감사하다. 먹고 사는 것이 충분해서가 아니다, 성공을 할 가능성이 높아서도 아니다. 그저 이렇게 말씀의 인도를 따라 하루하루 살아가는, 전혀 새로운 삶을 행복하게 살아가고 있음이 감사하다. 남은 삶도 그저 말씀에 나의 운명을 걸고 겸손하게 걸어갈 수 있길 기도한다. 그렇게 걸어갈 때 별다른 위대한 기적이 아니어도 매일의 삶에서 주의 은혜를 누려가는 생명의 삶을 이어가게 되길 기도한다. 말씀과 함께 하는 그 삶이면 충분히 감사하고 살아갈 수 있을 것 같다. 그래서 감사하다.

Chapter 5

마가복음 9-10장 묵상

영광의 그리스도

(막 9:2~13)

(막 9:2, 새번역) 그리고 엿새 뒤에 예수께서 베드로와 야고보와 요한만을 데리고, 따로 높은 산으로 가셨다. 그런데, 그들이 보는 앞에서, 그의 모습이 변하였다

변화산에서 주님은 영광스런 모습을 보여주셨다. 그런데 그게 좀 뜬금없어 보인다. 바로 전에 주님은 자신이 고난당하고 죽으실 것을 말씀하셨는데, 고난과 죽음과 전혀 어울리지 않는 변화되신 영광스런 모습을 제자들에게 보여주신 것이다.

주님은 왜 갑자기 자신의 영광을 보여주실까?

이전에 보이지 않으신 이유

왜 제자들을 부르신 초창기에 자신의 영광을 보여주지 않으셨을까? 왜 그때가 아니라 지금에서야 주님의 영광을 보여주실까? 이전에 제자들은 주님을 영광과 권능의 주님으로 이해했다. 로마를 정복하고 왕권을 회복하고 다윗의 왕위를 회복할 영광의 메시야로 이해했을 가능성이 높다. 그때 주님은 자신의 영광을 보여주지 않으셨다. 제자들이 생각하고 기대하는 그런 관점에서는 영광의 주님이 아니었기 때문이다.

주님의 영광은 세속적 관점의 영광이 아니다. 주님을 그런 영광과 권력과 힘을 가지신 분으로 오해하고 있을 때 주님은 자신의 참 영광을 보여주지 않고 침묵하신다.

지금 보여주시는 이유는?

그럼 왜 지금은 보여주시는 것일까? 지금에 이르기까지 이전의 과정이 있어서다. 베드로가 신앙고백을 했다. 그 신앙의 고백은 주님이 그리스도라는 놀라운 고백이었다. 그때 주님은 고난 받고 죽고 부활하실 것을 말씀하셨다. 베드로는 항변했다. 그런 일은 있을 수 없다고 주님을 향해 야단치듯 말했다. 주님은 그런 베드로에게 "사탄아. 내 뒤로 물러가라."라고 꾸짖으셨다. 하나님의 일을 생각지 않고 사람의 일을 생각한다고 책망하셨다. 책망하신 후에 고난과 죽음의 그리스도에 대해 계속 말씀하셨다. 그리고 십자가를 향해 걸어가신다.

고난 받는 그리스도에 대해 제자들이 조금 알게 되었다. 그렇다면 이제 그 그리스도가 본질적으로 어떤 분이신지를 알아야 할 때가 되었다. 고난 받으실 그리스도가 영광의 주님임을 명백히 보여주신 것이다. 영광의 주님이 하시는 일이 고난 받으시는 것이고, 고난 받으시는 것이 사실은 영광의 주님임을 증명하는 것이다. 고난의 주님이 영광의 주님이다. 따라서 고난의 그리스도를 따라가는 제자가 사실은 영광의 그리스도를 따라가는 것이다. 변화산은 그 사실을 보는 곳이었다.

고난의 그리스도가 영광의 그리스도

고난의 그리스도를 나의 주님으로 받아들이는 사람이 영광의 그리스도를 만난다. 만약 영광의 그리스도상을 가지고 있다면 그 사람은 영광의 제자도를 걸어간다. 그건 주님과 상관

없는 길이다. 고난의 그리스도를 받아들이고, 고난의 제자도를 받아들일 때, 그때서야 비로소 주님의 진짜 영광을 보여주신다. 그때서야 비로소 고난의 주님이 영광의 주님임을 깨닫는다. 고난의 제자도가 진정한 영광의 제자도임도 깨닫는다.

고난이 없는 영광, 고난을 거부하는 영광은 가짜다. 죽이는 영광이다. 그렇게 사망의 길로 걸어가는 잘못된 제자가 얼마나 많은지 모른다. 고난의 주님이 곧 영광의 주님이다.

나는?

목회자가 되었다. 대형화를 거부하는 교회, 목회자의 야망이 아니라 성도의 행복을 추구하는 교회, 봉사가 아니라 말씀에 집중하는 교회를 표방하고 교회를 개척했다. 한시적으로 예배 시간에 헌금 시간을 없애고 예배당 뒤쪽에 헌금 상자만 가져다 두었다. 철저하게 자발적인 헌금만 하도록 하기 위해서다. 왜 나는 이런 교회를 시작했을까? 이유는 하나다. 본질인 말씀에 집중하는 교회를 세워가고 싶어서다.

본질을 놓치고 엉뚱한 것에 집착하는 교회의 모습을 너무 많이 보았다. 교회를 키워서 목회자가 높아지고, 그렇게 되면서 자연스럽게 설교도 기복적이 되는 경우를 많이 보고 들었다. 그런 경우에 설교는 고난이 아니라 영광에 맞추어졌다. 고난이 아니라 영광의 그리스도를 말하면서, 신자도 예수 믿어 이 땅에서 영광을 누리는 것에 집중하는 경우가 너무 많아졌다.

나는 그렇게 되고 싶지 않고, 그렇게 망해가고 싶지도 않다. 그렇게 망해가지 않으려면 영광의 그리스도를 말하기 전에 고난의 그리스도를 말하고, 고난의 그리스도를 배워야 한다고 믿는다. 영광의 제자도를 버리고 고난의 제자도를 배워야 한다고 믿는다. 세상에서의 성공과 성취에 쏟는 관심을 버리고 말씀 하나에 집중하면서 주님이 가신 고난의 길을 배워갈 때, 주님의 참된 영광을 알게 될 것을 믿는다. 그 영광을 볼 때 세상의 헛된 영광에 마음을 빼앗기지 않을 것도 믿는다. 그 신앙의 길을 바르게 걸어가기 위해 목회자인 나도, 성도들도 함께 오직 하나 말씀에만 신앙과 교회의 운명을 걸길 소원한다.

믿음이 없는 세대여

(막 9:14~29)

믿음이 없는 세대다. 믿음이 무언지 헷갈리는 세대다. 믿음의 삶을 산다는 사람들의 모습이 제각각이다. 어떤 이는 자기 최면을 믿음이라 여긴다. 내가 성공할 수 있음을 스스로에게 최면 건다. 어떤 이는 신비한 능력을 믿음이라 여긴다. 병을 고치고, 방언을 하고, 갖가지 신비한 능력을 가지는 것을 믿음이라 여긴다. 어떤 이는 자기 몸을 불사르게 내어주는 것을 믿음이라 여긴다. 그런데 그에게 분노와 화만 넘친다. 사랑은 보이지 않는다. 각자 자기 소견에 옳은 대로 믿음을 정의하는

시대인데, 도대체 믿음이란 무엇일까? 믿음이 무엇인지 모를
정도로 헷갈리는 이 시대는 정말 믿음이 없는 시대다.

믿음이 없는 사람들

(막 9:23, 새번역) 예수께서 그에게 말씀하셨다. "'할 수 있으면'
이 무슨 말이냐? 믿는 사람에게는 모든 일이 가능하다."

　귀신들린 아이의 아버지가 말했다. "무엇을 하실 수 있거든
우리를 불쌍히 여기소서." 그때 주님이 대답하셨다. "할 수 있
거든이 무슨 말이냐?"라고. 사람들은 믿음이 없다. 그러나 한
번도 귀신 들린 것을 고치는 사람을 본 적이 없으니 믿음 없
음은 너무나 당연한 것 아닌가? 이들의 믿음 없음은 당연하
다. 그런데 왜 주님은 "믿음이 없는 세대여."라고 한탄하셨을
까?

믿음이 없는 제자들

(막 9:18, 새번역) 어디서나 귀신이 아이를 사로잡으면, 아이
를 거꾸러뜨립니다. 그러면 아이는 거품을 흘리며, 이를 갈며,

몸이 뻣뻣해집니다. 그래서 선생님의 제자들에게 그 귀신을 쫓아내 달라고 했으나, 그들은 쫓아내지 못했습니다."

제자들은 이전에 귀신을 쫓아낸 경험이 있었다. 당연히 지금도 귀신을 쫓아낼 수 있어야 한다. 아마 그들도 이 귀신을 쫓아낼 수 있으리라 생각했을 것이다. 그런데 귀신이 나가지 않았다. 어떤 때는 귀신이 나갔고, 어떤 때는 나가지 않았으니 제자들도 당황스러웠으리라. 그 제자들을 향하여 하신 주님의 말씀이다. "믿음이 없는 세대여."

믿음이 없는 제자들이다. 예수님이 십자가로 가셔서 죽으셔야 하는데, 예수님이 이 땅에 남기실 제자들은 믿음이 없다. 세상 사람들이 믿음이 없는 건 당연한 일이다. 그들에게는 믿음을 요구하시지도 않으셨다. 그런데 제자들은 당연히 믿음이 있어야 했다. 이미 귀신을 쫓아낸 경험까지 가진 제자들이 아닌가?

주님의 한탄은 그 세대를 향한 것이기도 했지만, 궁극적으로는 제자들 때문이었다. 믿음 없는 제자들이 예수님의 아픔이었다.

믿음 있는 주님

믿음은 주님으로부터 배워야 한다. 주님 외에는 이 땅의 누구도 바른 믿음을 가지지 못한다. 주님만 믿음을 가지신 분이고, 주님으로부터만 믿음을 배울 수 있다. 주님의 말씀에서 믿음이 무엇인지, 믿음의 삶이 무엇인지 힌트를 얻는다.

(막 9:29, 새번역) 예수께서 그들에게 대답하셨다. "이런 부류는 기도로 쫓아내지 않고는, 어떤 수로도 쫓아낼 수 없다."

믿음은 기도와 깊이 연결되어 있다. 믿음이 있어야 기도할 수 있고, 기도하여야 믿음이 생길 수 있다. 그런데 기도란 무엇일까? 사람이 있으나 없으나 통성으로 기도하고 방언으로 크게 기도하면, 그게 바른 기도일까? 그렇게 해서 바르게 기도하는 삶도 가끔 있을 수 있겠지만, 그건 대부분 독백이다. 수십 년 새벽기도 다녔는데, 그 인격은 거의 변하지 않는 많은 사람들을 보았다. 그 분은 왜 기도를 오래 했음에도 변하지 않을까? 기도를 잘못했기 때문이다. 아니, 기도가 무엇인지조차도 잘 모르기 때문이다.

바른 기도가 무엇일까? 사람들은 수십 년 기도해도 변하지 않는데, 그런 기도와 주님의 기도는 도대체 무엇이 다를까? 인류최대의 기도라고 할 수 있는 주님의 겟세마네 기도에서 힌트를 얻는다.

(막 14:36, 새번역) 예수께서는 이렇게 말씀하셨다. "아빠, 아버지, 아버지께서는 모든 일을 하실 수 있으시니, 내게서 이 잔을 거두어 주십시오. 그러나 내 뜻대로 하지 마시고, 아버지의 뜻대로 하여 주십시오."

기도란 '하나님과의 대화'다. 기도의 본질은 아버지와의 관계다. 그리고 아버지의 뜻이다. 하나님과 대화하면 어떤 결과를 맞이하게 될까? 제대로 기도하면, 즉 제대로 하나님과 대화하면, 내 뜻과 아버지의 뜻의 충돌 앞에서 내 뜻을 기꺼이 버리게 된다.

예수님은 기도가 습관이셨다. 새벽 오히려 미명에 늘 기도하셨다. 늘 기도하신 그 기도는 자신의 뜻이 아니라 아버지의 뜻을 구하는 기도였음을 겟세마네 기도를 통하여 알 수 있다. 내 뜻을 구하는 기도가 아니라 아버지와 인격적인 관계를 나누는 기도, 아버지의 뜻을 구하는 기도가 믿음과 깊은 관련이 있다. 주님처럼 참된 기도를 해야 믿음이 있는 세대, 믿음이 있는 사람이 될 것이다.

나는?

나는 믿음이 없다. 믿음 없는 제자들처럼 나도 믿음이 없는 사람이다. 나의 믿음 없음이 이렇게 슬플 수가 없다. 다른 이를 탓할 것이 뭐 있겠는가? 내 믿음 없음이 살려야 할 사람들을 살리지 못하게 하고 있다. 기도 외에 다른 것으로는 이런 종류가 나갈 수가 없다 하신다. 심하게 귀신 들린 이 세대를 본다. 각기 다른 종류의 귀신이 들린 사람들을 이곳저곳에서 본다. 자기가 옳다고 아우성친다. 나만 잘 살겠다고 아우성친다. 그런 사람들이 예수 믿는다는 사람들이다. 나도 그렇게 하고 있는 것은 아닌지 두렵다. 나도 믿음은 고사하고 귀신 들려 있는 것은 아닌지 두렵다.

기도 외에 다른 것은 뭘까? 나의 능력? 나의 성공? 나의 지식의 증가? 나의 의로움의 증가? 기도 외에 다른 것은 모두 '나의' 무언가이다. 그렇다. 나의 무언가로는 그것이 아무리 능력이 있어도, 아무리 멋있어도 결코 생명을 살릴 수는 없다. 생명을 살리는 것은 오직 믿음뿐이다. 기도뿐이다. 하나님과의 대화뿐이다. 아버지의 뜻 앞에서 내 뜻을 버리는 것이다. 그것보다 우선, 아빠 아버지와 깊은 인격적 관계를 매일 맺어가는 것이다. 그것만이 생명이요 능력이다. 기도라고 하면서 독백만 하는 어리석은 기도가 아니라, 말씀을 펼쳐들고 매일 하나님과 참되게 대화하기를 힘쓰는 삶이 되길 간절히 소원한다.

그들은 적인가?

(막 9:38~50)

이런 저런 문제들을 일으키고 결국 돌이키지 않는 한국의 대형교회들이 생각난다. 내로라하는 큰 교회들, 내로라하는 유명한 목사들이 저지른 세습, 재정비리, 성범죄 등이 교회의 이름을 추락시켜왔다. 이들은 한국교회에, 그리고 기독교에, 그리고 나에게 과연 적일까, 아군일까? 고민이 많은 지점이다. 오늘의 아침 묵상을 통하여 이들에 대한 생각을 정리해야 할 필요를 느낀다.

적일 수 없다

(막 9:38, 새번역) 요한이 예수께 말하였다. "선생님, 어떤 사람이 선생님의 이름으로 귀신들을 쫓아내는 것을 우리가 보았습니다. 그런데 그 사람은 우리를 따르는 사람이 아니므로, 우리는 그가 그런 일을 하지 못하게 막았습니다."

라고 제자들이 말했을 때, 주님은 그들을 금하지 말라고 하셨다. 주님과 교류하지도 않는 사람들이 주님의 이름으로 귀신을 쫓아내는데 왜 금하지 말라고 하셨을까?

오늘날 그렇게 타락한 교회들은 주님의 이름으로 무언가 커 보이는 일들을 한다. 그런데, 주님을 따르지는 않는다. 열심히 무언가 바쁘게 일을 하지만 그런 교회들과 목사들은 십자가를 버린 지 오래인 듯하다. 신학을 공부하면서 '그들이 적이 아닐까?' 라고 생각한 적이 많았다. 아무리 봐도 적인 듯 행동하는 그들을 보면서 불편한 마음을 감출 수가 없었다.

그런데 주님은 자신의 이름으로 귀신을 쫓아내는 자들을 금하지 말라고 하셨다. 주님은 타락한 교회들과 유명 목사들의 일탈과 범죄 행위에 대해서 당장 심판하지 않고 계신다. 그들이 한국교회와 기독교의 적은 아니라는 의미일까?

그러나, 왠지 형제라고 말하기도 어렵게 느껴진다. 형제라면 주님을 따라야 하는데 전혀 주님을 따르지 않는, 오히려 주님과 반대의 길을 가는 듯한 그 모습을 보면 형제라 부르기가 꺼려지기도 한다. 적일 수 없지만 형제라 부르기 힘든 그들은 도대체 어떤 존재들일까?

적일 수 있다

(막 9:42, 새번역) "또 나를 믿는 이 작은 사람들 가운데서 하나라도 죄짓게 하는 사람은, 차라리 그 목에 큰 맷돌을 달고 바다에 빠지는 편이 낫다."

그러나 그들은 어떤 면에서는 적일 수도 있다. 작은 자들을 실족하게 하는 일이 비일비재하기 때문이다. 그 큰 덩치의 교회를 유지하기 위해서 헌금을 강요하다시피 해야 하고, 교회 돈을 횡령, 유용하고, 교회를 자식에게 세습하기까지 한다. 그러고도 자신을 반대하는 성도들을 이단으로 몰아서 쫓아내어 버린다. 무엇보다 잘못된 가르침으로 사람들을 엉뚱한 곳으로 인도하는 그들은 분명 옳지 못하다. 수많은 영혼들을 실족하게 하고 있다. 그들은 적일 수도 있지 않을까?

적이든, 아니든...

그들이 적인지 아닌지를 따지는 것은 더 이상 하지 않으려
한다. 물론 특정한 사안이 생기고 특정한 비리 사실들이 밝혀
지면 그 부분에 대해서는 지적하고 비판도 할 것이다. 그것은
나도 성도들도 분명히 분별해야 하는 악한 짓이기 때문이다.
그러나 그들이 적인지 아닌지가 나의 삶과 신앙에 아무 관계
가 없다. 누군가와 적이 된다고 해서, 누군가와 아군이 된다
고 해서 내 신앙이 달라지는 것은 전혀 아니다. 사람들의 큰
착각이 있다. 잘못하는 사람이나 교회의 잘못을 지적하면 지
적하는 그 행동을 하는 것만으로도 자신은 잘하고 있다는 착
각이다. 아니다. 지적하는 그 사람이 나중에 보면 똑같은 사
람, 아니, 더 나쁜 사람이 되어 있는 경우도 많다.

한 대형교회 목사는 일반신자였을 때 담임목사의 욕을 그
렇게 심하게 하였다고 한다. 그러더니 자신이 신학을 하고 교
회를 개척했고 그 교회가 대형교회가 되니까 그보다 더한 부
정을 저질러서 공영방송 뉴스에 대문짝만하게 나왔다.

다른 사람의 잘못을 드러내고 비판하는 것에 집착하는 것

은 상당히 나쁜 태도다. 잘못을 한 사안에 대해서 비판하고 지적하고 때론 그 사실에 대해서 법정싸움까지 하는 것은 옳은 일이고 훌륭한 일이다. 그러나 그런 싸움을 할 때에도 알아야 한다. 그렇게 싸우는 그 행동만으로 자신이 옳아지는 것이 아니라는 사실을. 비판한다고 해서 자신이 그 비판의 반대의 모습이 되는 것은 절대로 아니다. 비판하는 그 비판을 받지 않으려면 다른 노력이 별도로 필요하다. 그들이 적이든 아니든, 내가 해야 할 일, 가야할 길은 분명하다.

(막 9:50, 새번역) "소금은 좋은 것이다. 그러나 소금이 짠 맛을 잃으면, 너희는 무엇으로 그것을 짜게 하겠느냐? 너희는 너희 가운데 소금을 쳐 두어서, 서로 화목하게 지내어라."

비판과 지적으로 끝나서는 나는 아무것도 아니게 된다. 내가 가야 할 가장 중요한 것은 소금이 되는 것이다. 소금이 되어 적당한 짠 맛을 내가 속한 곳에서 내야 한다. 내가 소금이 되지 못한다면 틀린 사람, 틀린 교회를 아무리 비판한다 해도 그것이 나의 영혼에 아무런 이익을 주지 못할 것이다. 중요한 것은 그들이 적이냐 아니냐가 아니라, 내가 소금이냐, 소금이 아니냐다. 내가 소금이 되어서 내가 속한 가정, 내가 속한 직장, 내가 속한 교회에서 화목의 도구로 살아가느냐, 그렇지 못하고 있느냐가 주님 앞에서 내 삶을 판단하는 가장 중요한 기준이 되어야 한다. 내 삶을 향해 주의 긍휼을 간절히 구한다.

소망 없는 제자들?

제자들의 모습

몇 가지 제자들의 모습이 나타난다. 어떤 모습일까? 첫째, 깨닫지 못했다.

(막 9:32 a, 새번역) 그러나 제자들은 그 말씀을 깨닫지 못하였고

주님이 사람들의 손에 넘겨져 죽임을 당하고 죽은 지 3일 만에 살아나리라는 것을 말씀하셨다. 그런데 제자들은 이 말씀을 깨닫지 못했다. 3년을 예수님과 함께 먹고 함께 자고 함께 생활하면서 가르침을 받은 제자들 치고는 의외의 부끄러운 모습이다.

둘째, 제자들은 두려움에 떠는 모습까지 보여주었다.

(막 9:32, 새번역) 그러나 제자들은 그 말씀을 깨닫지 못하였고, 예수께 묻기조차 두려워하였다.

제자들은 깨닫지 못했을 뿐 아니라 두려워하기까지 했다. 너무 두려운 내용이어서 구체적인 질문도 하지 못했다. 힘도 권력도 없던 제자들은 원래 두려움 많은 삶을 살았을 것이다. 그런데 예수님과 함께 3년을 생활하면서도 여전히 두려움에 사로잡힌 삶을 살고 있는 제자들이었다. 원래 갖고 있던 두려움에서 한 발자국도 벗어나지 못한 제자들의 모습이다.

제자들은 왜 두려웠을까? 예수님이 죽으시면 자신들에게 다가올 그 어두운 그림자를 짐작했기 때문이 아닐까? 자신들의 삶은 어떻게 되며, 자신들의 젊음은 어떻게 될까? 그것이 너무 두려웠던 것 같다. 주님은 죽기를 무서워하는 사람들을 해방하려고 이 땅에 오셨는데, 죽기를 무서워하여 사망의 종 노릇 하고 있는 제자들의 안타까운 모습이다.

(히 2:15, 새번역) 또 일생 동안 죽음의 공포 때문에 종노릇 하는 사람들을 해방시키시기 위함이었습니다.

셋째, 제자들은 참으로 어이없는 모습까지 보여준다.

(막 9:33-34, 새번역) [33] 그들은 가버나움으로 갔다. 예수께서 집 안에 계실 때에, 제자들에게 물으셨다. 너희가 길에서 무슨 일로 다투었느냐?" [34] 제자들은 잠잠하였다. 그들은 길에서, 누가 가장 큰 사람이냐 하는 것으로 서로 다투었던 것이다.

다툰 것도 어이없는데 다툰 이유는 더 어이가 없다. 십자가 지러 올라가시면서 계속 자신의 죽음을 이야기하시는 주님 앞에서 제자들은 다투었다. 다툼의 내용은 '누가 크냐?'였다. 연약한 인간의 모습에서 한 발자국도 벗어나있지 못한 어이없는 제자들의 모습이다. 이러고도 예수님의 제자들이 맞나 싶다.

이런 황당한 모습을 보여주고 있는 제자들을 보면서 '주님이 실수하신 것 아닐까?', '제자를 잘못 선택하신 것 아닐까?' 하는 생각이 저절로 든다.

그런데 갑자기 깨닫지 못하고, 두려움에 떨고, 누가 크냐 다투는 모습이 바로 나의 모습이라는 생각이 든다. 세상 사람들과 전혀 다를 바 없는 지극히 평범한 두려움과 지극히 평범한 무지와 지극히 평범한 높아지고 싶은 마음을 그대로 가지고 있는 안타까운 나를 제자들의 모습을 통하여 본다. 제자들은 소망이 없어 보인다. 이들에게 무엇을 기대할 수 있을까?

제자들은 소망이 없을까?

제자들을 보면서 '도대체 어떻게 이런 수준 낮은 사람들이 제자가 되었을까?'하는 생각이 들면서 이들에게 소망이 있을까 싶다. 그런데 소망이 없어 보이는 제자들에게 놀랍게도 소망이 있다. 후에 복음을 위해 온 삶을 던지고, 결국 자신을 죽음 가운데 던진 이들이 누구인가? 바로 이 제자들이다. 심지어 십자가에 거꾸로 못 박히기까지 복음을 위해 삶을 헌신한 사람들은 바로 여기 이 제자들이었다.

무엇이 지금의 이 제자들을 순교의 길까지 걸어가는 믿음의 사람으로 바꾸었을까? 주님은 이런 답답한 제자들의 모습을 보면서 무엇을 하셨을까? 도대체 무엇이 제자들을 제자답도록 바꾼 것일까? 그것이 궁금하다. 제자들을 제자답도록 만든 그 이유를 안다면, 신자답지 못한 나도 소망이 있을 것이기 때문이다.

제자들에게 생긴 소망은 제자들 자신에게서 나온 소망이 아니었다. 그들의 소망은 주님이 걸어가신 길 때문에 생겼다. 주님은 어떤 길을 걸어가셨을까?

첫째, 가르치셨다. 자신의 죽음이 가까움을 알고 주님은 제자들을 가르치시는 것에 집중하셨다. 어이없고 수준 낮은 제자들의 모습에 아랑곳하지 않고 주님은 제자들을 계속 가르치셨다. 가르치고 또 가르치셨다. 왜 그러셨을까? 오순절에 성령이 마가요한의 다락방에 임하고난 후부터 제자들은 명실공이 제자다운 모습을 보여주었다. 그런데 성령께서 하시는 일이 무엇일까? 보혜사 성령께서 하시는 일은 주님이 하신 일을 '생각나게'하는 것이다. 주님이 하신 일과 말이 생각나려면 주님이 하신 말을 보고 들어야 한다. 주님은 지금 그 작업을 하고 계신 것이다.

변화는 주님에게서만 온다. 그래서 주님을 알아야 한다. 주님의 행하심과 주님의 말씀과 주님의 가르치심을 알아야 한다. 오늘날 내가 성경을 읽고 묵상해야 하는 이유다. 지금은 비록 엉망진창이어도 말씀의 능력은 나를 반드시 변화시킬 것이다. 그 사실만이 나에게 유일한 소망이다.

둘째, 주님은 가르치신 그 길을 걸어가셨다. 사실, 사람의 죽고 사는 문제는 무언가를 아는 것 정도를 가지고서는 해결할 수 없다. 예수님의 가르침이나 교훈을 통하여가 아니라, 나는 예수님의 죽으심과 부활을 통하여만 구원을 얻는다. 주님의 죽으심과 부활이 있었기에 나는 생명을 얻었다. 사망과 죽음의 어둠에서 벗어났다. 주님이 그 길로 걸어가신 이유이다. 주님의 십자가와 부활이 전부다. 십자가와 부활로 인하여 내가 얻은 것은 '생명'이요, '구원'이다. 생명과 구원을 얻었다는 것은 전부를 얻었다는 것이다. 나는 얻을 수 있는 가치 있는 모든 것을 주님의 십자가와 부활 때문에 이미 얻었다. 그렇기에 더 많은 것을 얻기 위하여, 더 큰 복을 받기 위하여, 더 큰 복이라 생각하는 많은 돈이나 큰 집이나 성공이나 명예나 쾌락 등을 얻으려고 주님의 이름을 이용하는 것은 어리석고 패역한 짓이다.

이미 다 얻었다. 생명과 구원을 얻었다. 그 감격으로 살아가면 된다. 나의 출발은 '사망'과 '절망'이었다. 거기서 '생명'과 '구원'을 얻었다. 내 출발이 '생명'과 '구원'이 아니다. 착각하지 말아야 한다. 사망에서 생명으로 나는 옮기워진 것이다. 난 지금 이미 완전한 것을 받았다. '생명 + 다른 복'을 구하는 것은 어불성설이다. 그것은 기독교가 아니다. 주님의 십자가와 부활로 얻은 생명이면 충분하다.

소망 없는 제자들이 삶을 던져 진리의 길을 걸어갈 수 있었던 것은 그들의 잘남이나, 그들 자신의 지혜나, 그들 자신의 성품 때문이 아니었다. 오직 주님의 사랑과 주님의 가르치심과 무엇보다 주님의 죽으심과 부활을 통하여 제자들은 멋진 하나님의 사람들로 세워졌다. 소망 없는 나도 주님 때문에, 주님의 가르치심 때문에, 말씀 때문에, 그리고 무엇보다 주님의 십자가와 부활 때문에 나는 얼마든지 소망이 있다.

행복-불행-행복

(막 10:1~12)

　　결혼 생활에 관한 짧고도 정확한 주님의 메시지가 마가복음 10:1-12의 내용이다. 결혼 생활이 행복하려면 3가지 단계를 거친다. '행복-불행-행복'이다.

행복

결혼을 할 때는 행복을 목적으로 한다. 상대방이 나를 행복하게 해 줄 것 같다. 그 착각이 없이 결혼할 사람은 몇이나 있을까? 결혼식을 올리고, 신혼여행을 가고, 신혼 생활을 보내는 동안 대부분의 부부는 행복에 겨워 살아간다. 그때의 행복은 꿀맛 같다. 그래서 신혼 생활은 'Honeymoon'이다.

불행, 그러나 복된 불행

신혼이 지나면 불행이 시작된다. 서로의 모난 부분이 부딪히면서 삐거덕거린다. 서로에게서 보지 못했던 단점들이 쏟아지듯 드러난다. 사람들은 이 시기를 '불행'으로 생각한다. 급기야 이혼하고 싶다는 생각까지 든다. 그런데 이 시기가 불행의 시기가 되는 이유가 있다. 주님이 그 이유를 말씀해주신다.

(막 10:5, 새번역) 그러나 예수께서는 그들에게 말씀하셨다. "모세는 너희의 완악한 마음 때문에, 이 계명을 써서 너희에게 준 것이다."

모세가 이혼증서를 써주어 버리라고 한 것은 사람의 마음의 완악함 때문이라고 한다. 사람은 누구나 완악하다. 그 완악함은 혼자 있을 때는 잘 모른다. 그냥 그렇게 살아간다. 결혼을 하고 작은 공동체인 가정을 이루고 나서야 부부는 각자 깨닫는다. 자신이 얼마나 완악한 존재인가를.

그런데 두 사람 사이의 부딪힘과 갈등 속에서 자신의 마음의 완악함을 보아야 하는데, 상대방의 완악함으로 오해하고, 자신의 완악함에는 눈 감고 상대방의 완악함만을 끝까지 주장하면서 이 시기는 불행의 시기가 된다. 이 불행의 시기를 상대방이 아니라 자신의 완악함이 드러나는 시기로 보기만 한다면 이 시기는 불행하지만, 참된 행복으로 가는 멋진 과정으로 삼을 수 있다.

'행복-행복-행복'은 있을 수 없다. 그런 부부가 있다면 정말 존경스러운, 그러나 이상한 부부임에 틀림없다. 결혼 생활의 진정한 행복은 '행복-행복-행복'이 아니라 '행복-불행-행복'이다. 그런데 가운데 있는 '불행'의 시기를 어떻게 보내느냐가 진정한 행복을 얻을지 얻지 못할지를 결정한다.

행복, 깊은 연합의 행복

나의 완악함과 배우자의 완악함을 여실히 보면서 그 불행의 시간들을 인내로 보내고 나면 반드시 더 깊은 행복을 누린다. 이것이 결혼 생활의 비밀인 듯하다. 주님이 하신 말씀의 의미가 마음에 깊은 울림을 준다.

(막 10:7-9, 새번역) [7] '그러므로 남자는 부모를 떠나서, 자기 아내와 합하여 [8] 둘이 한 몸이 된다.' 따라서, 그들은 이제 둘이 아니라 한 몸이다. [9] 그러므로 하나님이 짝지어 주신 것을 사람이 갈라놓아서는 안 된다.

깊은 연합을 맛보는 놀라운 행복의 삶이 결혼 생활에는 기다리고 있다. 다만 조건이 있다. 인내하는 것, 상대방의 완악함이 아니라 나의 완악함을 보는 것, 그리고 사람이 나누지 못함을 인정하는 것이다.

나는?

지금의 부부 생활의 행복을 신혼의 행복과 바꾸라고 한다면 결단코 거부하겠다. 짧은 달콤함 후에 무수한 부딪힘과 싸움과 갈등과 아픔과 슬픔의 시간들이 있었다. 다행히도 나의 완악함을 뿌리 깊게 보았다. 다행히도 아내는 나의 완악함에 대하여 용납해 주었다.

나는 큰 덩어리의 완악함을 아내에게 텅~텅~ 던졌고, 아내는 작은 덩어리의 완악함을 수시로 나에게 던졌다. 천천히 깨달을 수 있었다. 사랑이라는 단어가 결혼 전이나 신혼 때보다 갈등의 시기에 훨씬 더 중요한 단어임을. 나의 완악함이 드러날 때는 겸손히 인정할 줄 알고, 상대방의 완악함이 드러날 때는 내가 더 완악하다는 사실이 이유가 되어 아내를 '용납'하게 되었다. 아내도 같은 이유로 나를 용납했으리라. 그게 진짜 사랑임을 서서히 배워왔다. 지금 누리는 이 연합의 행복은 결코 적은 비용이 지불된 것이 아니다. 나의 젊음과 아내의 젊음이라는 큰 비용을 지불하고서 값지게 배우고 얻은 행복이다.

그래서 아내의 얼굴을 쳐다보면 이토록 소중한가보다. 그래서 아내가 예뻐 보이나 보다. 만약 나의 완악함이 아니라 상대방의 완악함에만 집중했다면 나는 결혼 생활의 행복을 발로 걷어차 버렸을 것이다. 결혼 생활에서 상대방이 아니라 나의 완악함을 보는 사람이 진정한 행복의 길목에 서 있는 것임을 삶을 통해 배워왔으니 감사한 일이다.

결혼 생활의 복됨은 완악함의 발견과 죄인 됨의 인정, 그로 인해서 상대방을 용납하게 되는 성숙과 밀접한 관련이 있다.

어린아이와 부자

(막 10:13~22)

어린 아이와 젊은 부자와의 대조를 마가가 의도적으로 사용한 것 같다. 그 대조가 자본주의 사회를 살아가는 오늘날의 나에게 도전하는 바가 크다.

천국은 어린아이의 것

(막 10:15, 새번역) 내가 진정으로 너희에게 말한다. 누구든지 어린이와 같이 하나님 나라를 받아들이지 않는 사람은 거기에 들어가지 못할 것이다.

하나님의 나라를 받아들이는 자라야 천국 백성이다. 그 나라는 왕국이다. 왕국이란 왕의 통치권이 전부인 곳이다. 어린아이는 부모의 통치권을 전적으로 받아들인다. 그처럼 하나님 나라를 받아들이는 자만 그 나라의 백성이 될 수 있다. 어린 아이는 현실을 모른다. 현실이 어떠함에 상관없이 부모의 통치권이 그의 삶의 전부다.

현실적인 사람은 천국을 받들지 못한다. 현실의 어떠함이 하나님의 통치권보다 중요하기 때문에 하나님의 통치에 관심이 없어진다. 그 사람은 어린아이 됨을 잃어버린 것이다. 그 결과 하나님 나라도 잃어버린 것이다. 나의 현실의 어떠함에 상관없이 어린아이처럼 내 삶에 하나님의 통치권을 인정해야 한다. 그렇게 하는 사람이 하나님의 나라 백성이다.

안타까운 젊은 부자

자본주의 사회에서 가장 부러움의 대상이 되는 사람은 부자다. 게다가 젊은 부자라면 세상에서 최고의 복을 받은 사람이 된다. 그러나 하나님 나라의 관점으로 보면 부자는 안타까운 사람이다. 젊은 부자는 슬픈 사람이다. 부자 청년은 최선을 다해서 율법을 지켰으나, 참된 평강이 없었다. 그래서 주님을 찾아왔다. 그런데 주님은 파격적인 말씀을 그에게 주셨다.

(막 10:21, 새번역) 예수께서 그를 눈여겨보시고, 사랑스럽게 여기셨다. 그리고 그에게 말씀하셨다. "너에게는 한 가지 부족한 것이 있다. 가서, 네가 가진 것을 다 팔아서, 가난한 사람들에게 주어라. 그리하면, 네가 하늘에서 보화를 차지하게 될 것이다. 그리고 와서, 나를 따라라."

'가진 것을 다 팔아 가난한 사람들에게 나누어 주어라' 이것이 가능이나 한 것일까? 이 불가능에 가까운 말씀을 주님은 이 청년을 '사랑하셔서' 말씀해 주신 것이다. 다 팔아 가난한 자들에게 나눠주고 주님을 따르는 것이 그에게 가장 이로운 삶이었기 때문이다.

이 말씀을 자본주의 사회인 오늘날에 적용한다면 하늘에서 보화를 소유할 부자는 거의 없어 보인다. 추상적인 말씀이 아니다. 부와 하나님 나라는 심각하게 부딪히는 개념이다. 세상에서는 부자 되는 걸 복이라 생각하지만, 참된 성도에게 부자

되는 것은 그리 간단한 문제가 아니다. 부자 되는 것이 복이 되기 위해서는 버릴 것이 많다.

제법 경건한 젊은 부자인 이 청년은 결국 주님의 말씀에 대해 근심하며 떠날 수밖에 없었다. 가진 부가 자신에게 올무가 되어버렸던 것이다.

(막 10:22, 새번역) 그러나 그는 이 말씀 때문에, 울상을 짓고, 근심하면서 떠나갔다. 그에게는 재산이 많았기 때문이다.

'울상을 짓고 근심하면서' 이 표현에 마음이 아프다. 눈물이 날만큼 안타깝다. 이 청년은 영생을 사모하고, 하나님 나라에 들어가기를 갈망하고, 하나님의 뜻에 합당하게 살기를 소원했다. 그러나 그 마음과 비교해서 부를 사랑하는 마음이 조금 더 컸다. '이 청년이 많은 재물을 다 나누어주고 주님을 따랐더라면, 그래서 그가 주님의 제자가 되었더라면 얼마나 좋았을까?'라는 생각이 들어서 묵상하는 내내 안타깝다. 이 청년이 불쌍해서 눈물이 나려한다. 이 청년이 부자가 아니었다면 좋았겠다는 생각이 계속 든다. 부자가 된다는 것이 참된 복이 되는 것은 정말 어려운 일이다.

나는?

한 번도 부자인 적이 없었지만, 돈을 제법 많이 벌 때는 잠시 있었다. 그때 돈의 위력을 잠시 느꼈다. 돈이 가진 힘은 무섭다. 하나님의 나라, 하나님의 통치권에 대해서 더 이상 어린아이가 되지 못한다. 부자는 아무나 되어서는 안 된다는 사실을 그 때 절실히 느꼈었다. 부자가 되어도 되는 사람은 그 부를 버릴 수 있는 사람이다. 그 부를 가지고 자신의 일신상의 편안함만 추구하지 않고 가난하고 어려운 사람을 도우면서 살아갈 수 있는 사람은 부자가 되어도 되는 사람이다. 그렇지 않은 사람은 부자가 되지 못하는 것이 오히려 그의 영혼에는 복이 된다.

그 부를 던지지 못하는 사람이 부를 소유하는 순간, 부를 지키려고 하나님 나라를 버리기 때문에 자기 인생을 망하게 하는 길로 걸어가게 된다. 그래서 나는 부자가 될 자격이 없다. 부자가 아니어서 오히려 얼마나 감사한지 모르겠다. 그 경건한 젊은 부자도 주님의 부르심을 거절할 수밖에 없었는데, 나같이 경건하지 못한 사람이 부자가 되었다면 어땠을지 불을 보듯 뻔하다.

부는 자극적이다. 돈도 자극적이다. 모든 관심을 돈으로 가져가게 만든다. 모든 가치를 돈으로 환산하게 만든다. 자극적인 음식을 먹으면 음식 본연의 맛을 모르는 것처럼, 부를 가지게 되면 부의 자극성 때문에 삶의 미세한 아름다움과 삶에서 일어나는 섬세한 감정들을 잃어버릴 가능성이 높다.

부에 대한 집착을 버리고, 가난해도 좋다는 생각을 가지기 시작하면서 신기하게도 마음이 어린아이가 되는 것을 느낀다. 은혜에 민감해지고, 사람들의 영혼에 관심이 더 많이 생긴다. 마음이 우울한 상태로 있다가도 한 사람의 영혼이 하나님을 향해서 회복되는 것을 보면 마음에 환하게 꽃이 핀다. 어린아이의 마음인 듯하다. 부자가 되는 대신, 어린아이가 되게 하시는 것이 나를 향한 말할 수 없는 하나님의 사랑인 듯하다.

고지론 : 얻고 나서 버려라?

(막 10:23~31)

'일단 열심히 공부해서 성공해. 성공해서 하나님께 영광 돌리고 나서 그때 가서 버려도 버리는 거야. 하나님의 백성은 세상에서 일단 성공을 해야 해. 성공을 해서 누군가를 도와야 해.'라는 말(고지론)을 젊었을 때 많이 들었다. 그리고 젊은이들을 이렇게 가르치는 것도 많이 보고 들었다. 젊었을 때 이 부분으로 많은 고민을 했었다. 이런 말들은 맞는 말일까? 고지론은 옳을까? 고지론의 문제점을 본다.

부과 하나님 나라와의 관계

(막 10:23, 새번역) 예수께서 둘러보시고, 제자들에게 말씀하셨다. "재산을 가진 사람은, 하나님의 나라에 들어가기가 참으로 어렵다."

부자 청년은 율법을 열심히 지켰다. 그런데 무언가 채우지 못하는 갈망을 가졌다. 젊은이인데다 부자였지만 상당히 경건한 청년이었다. 그 청년도 주님의 요구를 거부했다. 자신의 많은 재산을 버릴 수가 없었기 때문이다.

부를 가진 자는 하나님 나라에 들어가기가 어렵다. 낙타와 바늘귀의 비유를 생각해 본다면 거의 불가능에 가깝다는 개념이다. 그런데 과연 부를 얻기 위해서 삶의 모든 에너지를 집중하는 것이 옳을까? 그건 명백히 틀린 삶이다. 부를 얻기 위해 에너지를 쏟으면 쏟을수록 하나님 나라는 멀어진다. 모든 에너지가 부에 집중된다면 그는 하나님 나라를 소유하기가 매우 어려워진다. 거의 불가능할지도 모른다.

'부를 얻고 나서 버려라.'는 말은 그건 어불성설이다. 부는 그 자체가 힘이 되어서 사람을 붙잡는다. 웬만큼 경건해서는 얻은 부를 버리기 어렵다. 부자 청년의 행동이 그 사실을 증명한다.

버리는 문제

(막 10:28, 새번역) 베드로가 예수께 말씀드렸다. "보십시오, 우리는 모든 것을 버리고 선생님을 따라왔습니다."

부자 이야기를 듣고 베드로가 한 말이다. '모든 것을 버리고' 주를 따랐다는 고백이다. 부자 청년이 들으면 배를 잡고 웃을 일이다. 베드로가 버린 것이 무엇이 있나? 고작 낡아빠진 배 한 척? 물고기 잡아서 먹고 사는 고달픈 삶? 그게 무슨 버린 것이냐고 웃을 일이다. 그런데 주님의 반응은 달랐다.

(막 10:29, 새번역) 예수께서 말씀하셨다. "내가 진정으로 너희에게 말한다. 나를 위하여, 또 복음을 위하여, 집이나 형제나 자매나 어머니나 아버지나 자녀나 논밭을 버린 사람은,"

'버린 사람은'이라고 말씀하셨다. 버린 사람은 복을 얻는다. 하늘의 복을 얻는다. 많이 버리느냐, 적게 버리느냐는 문제가 아니다. 중요한 것은 '모든 것'을 버리느냐 아니냐다. 그래서 부자 청년은 제자가 되지 못했고 베드로는 제자가 되었다. 고지론은 틀렸다. 고지에 올라가면 버리기는 더 어렵다. 그리고 만약 힘들게라도 모두 버린다면, 적게 가져서 적은 것을 다 버린 사람이랑 똑같다. 많이 가진 것을 버린 사람이나 적게 가진 것을 버린 사람이나 둘 다 '모든 것'을 버린 것이다.

그리스도인은 고지로 올라가야 한다는 말은 거짓말에 불과하다. 물론, 고지로 올라갈 수도 있다. 그저 성실하게 최선을 다해 살았을 뿐인데 소위 고지라 불리는 곳에 올라가는 결과를 얻을 수는 있다. 그러나 그리스도인에게 고지가 목적일 수는 없다. 고지가 중요한 것이 아니라 버리는 것이 중요하기 때문이다.

얻지 못한 자는 버릴 것도 없다?

가진 것이 적은 사람은 버릴 것이 없어 보인다. 정말 버릴 것이 적을까? 과거에는 예수 잘 믿는 부자가 부러웠다. 예수 잘 믿으면서 좋은 차 타고 다니는 분들이 부러웠다. 나의 그 부러움은 무엇을 말해주는 것이었을까? 동일한 욕망을 갖고 있었다는 것을 말해준다.

재물이 없는 사람은 그 부러움을 버려야 한다. 얻고자 하는 욕망을 버려야 한다. 부자 되고픈 마음을 버려야 한다. 부자를 향한 시기심과 상대적 박탈감도 버려야 한다. 사실, 부자가 아닌 사람도 버릴 것이 엄청 많은 것이다. 부자이든 부자가 아니든 사람은 버릴 것이 항상 많다.

버릴 것이 있기 위해서, 더 큰 것을 버려서 버린 행동이 더 가치 있기 위해서 고지로 올라가야 한다는 말은 역시 거짓말이다. 고지에 올라가지 않아도 된다. 고지로 올라가지 않아도 버릴 것은 너무나 많다.

나는?

나는 이렇게 사역하면서 가난하게 살면 되지만, 자식들은 부자로 살면 좋겠다는 생각이 얼마 전까지만 해도 있었다. 그래서 아들이 공부 잘했으면 좋겠다는 생각이 은연중에 있었고, 좋은 대학 가서 좋은 직장을 얻어야 한다는 생각도 분명히 있었다.

오늘 아침에 작은 아들이 말했다. "아빠. 이과에서 문과로 전향해야 할 것 같아요." 고3인 아들이 그렇게 말해서 놀라서 물었다. "왜? 뭘 전공하고 싶은데?" "심리학요. 사람을 알고 싶어요. 사람이 왜 사는지, 무엇이 가치 있는 삶인지도요."

그 말은 들은 나는 기뻤다. 자신의 미래에 먹고 살 걱정, 좋은 직장을 얻을 걱정 때문에 목숨 걸고 공부하는 아이였고, 먹고 사는 것이 용이한 쪽으로 전공을 정하려는 아이였다. 그런데 삶에 대한 진지한 고민을 하는 것이 정말 감사했다. 나중에 어떻게 결정을 할지 모르지만 이런 고민을 한다는 사실만으로도 기뻤다. "그래? 좋은 생각이다. 아빠는 적극 지지한다. 심리학이라는 전공이 먹고 살기는 쉽지 않은 것 알지?" "네. 알아요. 뭘 해도 먹고는 살겠죠. 뭐. 그것보다 사는 의미를 찾는 것도 중요한 것 같아요." "그래. 아빠는 적극적으로 지지하마. 이과에서 문과로 바꾸어서 대학 지원하면 점수 손해가 많을 거야. 그래도 아빠는 너무 기쁘다. 네가 삶에 대한 진지한 고민을 하는 모습 때문에."

대화를 끝내고 돌아서는데 마음이 정말 기쁘다. 내가 고지에 올라서지 않아도 될 뿐 아니라, 아들도 고지에 올라서지 않아도 된다는 생각이 너무 감사하다. 고지론은 그리스도인에게는 거짓말임이 분명하다. 고지로 올라서려 하지 않고 주님을 만나고 누려가는 것에 방해가 되는 것들을 담대하게 버릴수 있기만 소망한다. 그래서 그리스도인다운 삶을 제대로 살아갈 수 있기만 소망한다.

뭔 말인지 모르겠고

(막 10:32~45)

'예수님은 어렵다. 언제부턴가 어려워지셨다. 원래를 재미있었는데, 예수님의 가르침은 신선했는데, 이제 주님 가르침이 너무 어려워... 왜 자꾸 이해 못할 말씀만 하시는 것이지?'라고 제자들이 생각했을 것 같다. 그래서 제자들은 다음과 같이 반응을 했다.

뭔 말인지 모르겠다

제자들이 이해 못한 가르침은 이것이다.

(막 10:33-34, 새번역) [33] "보아라, 우리는 예루살렘으로 올라가고 있다. 인자가 대제사장들과 율법학자들에게 넘어갈 것이다. 그들은 인자에게 사형을 선고하고, 이방 사람들에게 넘겨줄 것이다. [34] 그리고 이방 사람들은 인자를 조롱하고 침 뱉고 채찍질하고 죽일 것이다. 그러나 그는 사흘 후에 살아날 것이다."

제자들의 생각은 이랬을 것 같다. '도대체 무슨 말씀을 하시는지 이해가 되지 않는다. 죽으신다니? 왕이 되셔야지. 그리고 삼 일 만에 살아나신다는 말은 또 뭐야? 너무 어려워. 이해되지도 않고, 이해하기도 싫어.'

자신의 이성으로 도무지 이해되지 않는 주님의 말씀에 마음이 열리지도 않고 받아들여지지도 않는다. 그래서 심지어 묻기도 두렵다. (막9:32)

말씀을 읽다보면 이해되지 않는 부분이 많이 나온다. 도대체 무슨 말씀인지 모르겠다. 말씀을 묵상할라 치면 무슨 말씀인지 아리송하다. 깨달음은 없다. 답답하다. 도대체 뭔 말인지 모르겠다는 생각이 들 때가 반드시 있다. 제자들과 내가 동일한 선상에 있는 것이다.

뭔 말인지 모르겠고, 이거나 해 주세요

뭔 말인지 모르면 그것으로 끝나는 법이 없다. 주님의 말씀을 알아듣지 못하면 반드시 주님의 말씀 아닌 다른 것을 찾게 되어 있다.

(막 10:35, 새번역) 세베대의 아들들인 야고보와 요한이 예수께 다가와서 말하였다. "선생님, 우리가 요구하는 것은, 무엇이든지 해주시기 바랍니다."

나도 모르게 "헐~"이라는 소리가 나온다. 주님이 능욕을 당하고 죽을 것이라는 말씀을 하시는 이런 상황에서 제자들은 '한 자리'를 요구한다. 왜 이런 태도가 나올까? 주님 말씀을 알아듣지 못하면 엉뚱한 것을 구하는 것이 당연하기 때문이다. 주님 말씀을 이해하지 못하면 엉뚱한 방향으로 신앙생

활 할 수밖에 없다. 제자들의 말은 이렇게 해석이 가능할 것
같다. "주님, 뭔 말인지 모르겠고요, 그냥 제게 '한 자리'만 주
세요." 제자들의 이 말을 이 시대 사람들의 말로 바꾼다면 이
런 말이 될 것이다. "주님. 뭔 말인지 모르겠고요, 그냥 돈이
나 주세요.", "주님. 말씀은 어려워서 도무지 이해되지 않으니,
그냥 사업이나 잘되게 해주세요.", "주님. 말씀은 백날 읽고
묵상한다고 씨름해 봐도 뭔 말인지 이해가 되지 않아요. 그
냥, 인생에 성공이나 하게 해주세요."

뭔 말인지 아는 것이 생명이다

말씀을 몰라도 신앙생활 하기에 아무런 불편함이 없는가?
그렇다면 심각한 상태다. 제자들처럼 동일한 말을 자신이 하
고 있을 가능성이 높기 때문이다. "주님. 뭔 말인지 모르겠고,
그냥, 내 인생 잘 되게나 해주세요."라는 말이다. 신앙생활에
서 가장 중요한 것은 주님이 뭔 말씀을 하시는 것인지 이해
하는 것이다. 주님의 의도를 알고, 주님의 가시는 길의 방향
을 알고, 주님의 죽으심의 의미와 부활의 의미를 알고, 주님
의 말씀이 도대체 뭔 말인지, 그 말씀의 진정한 의미를 아는

것이 기독교 신앙의 핵심이다. 그것을 모른 채로는 제 아무리 열심을 내어도 잘못된 신앙일 뿐 아니라, 맹신과 광신에 빠질 뿐이다.

더 심각하면 교회에 다니지만 샤머니즘을 신봉하는 아이러니를 자신의 삶에서 보게 되는 것이다. 신앙에서 가장 애써야 할 일은 성경의 내용이 뭔 말인지 아는 일이고, 주님이 하신 말씀이 뭔 말인지 아는 일이고, 주님이 걸어가신 길이 어떤 길인지, 무엇을 의미하는 길인지를 아는 일이다. 뭔 말인지 알아야 엉뚱한 짓을 하지 않는다.

예수 잘 믿어서 자신의 인생에 어떤 덕을 볼까는 그만 생각하고, 이제 성경이 뭔 말인지, 주님의 말씀이 도대체 뭔 말인지를 자세히 알아봐야 할 때다.

Chapter 6

마가복음 11-12장 묵상

주님의 길, 나의 길

(막 11:1~11)

주님의 길이 드러나고 있다. 주님이 가시는 길의 근본적 성격이 예루살렘에 입성하는 순간에 드러나고 있다.

하나님이 채우시는 길

(막 11:3, 새번역) 어느 누가 '왜 이러는 거요?' 하고 물으면 '주님께서 쓰시려고 하십니다. 쓰시고 나면, 지체 없이 이리로 돌려보내실 것입니다' 하고 말하여라.

'주가 쓰시겠다.'는 한 마디에 나귀를 내어주는 사람이 있다. 말도 안 되는 기적 같은 일이 주님이 가시는 길에서 일어났다. 주님이 가신 길은 주님의 필요를 스스로 채우지 않으신 길이다. 스스로 채우면 늘 욕심이 생긴다. 넘치게 채운다. 채우고 또 채운다. 내가 내 인생의 필요를 채우려는 순간 욕심이 개입되고 욕망이 개입된다. 하나님의 채우심에 만족하지 못한다. 그런데 하나님이 채우시면 필요한 만큼만 채우신다. 하나님이 채우시는 것에 만족하는 삶, 감사하는 삶이 주님의 걸어가신 길이다.

하나님이 채우시는 필요는 나귀

(막 11:7, 새번역) 제자들이 그 새끼 나귀를 예수께로 끌고 와서, 자기들의 겉옷을 그 등에 걸쳐놓으니, 예수께서 그 위에 올라 타셨다.

우스운 장면이 연출된다. 성인이 나귀를 그것도 새끼나귀를 타다니, 초라하고 우습다. 하나님이 준마와 창과 칼로 채워주시면 좋을 것 같은데 기어코 새끼나귀로 채우신다. 사람이 생각하는 필요와 하나님이 생각하시는 필요는 다르다. 하나님은 충분히 채우시지만 겸손히 걸어갈 만큼만 채우신다. 하나님이 채우시는 것을 넘는다면 더 이상 하나님이 채우시는 게 아니라 내가 채우고 있는 것이다. 내가 나의 욕심을 가지고 무턱대고 취하고 있는 것이다.

무리의 환호성

(막 11:8,10, 새번역) [8] 많은 사람이 자기들의 겉옷을 길에다 폈으며, 다른 사람들은 들에서 잎 많은 생나무 가지들을 꺾어다가 길에다 깔았다. [10] "복되다! 다가오는 우리 조상 다윗의 나라여!" "더 없이 높은 곳에서, 호산나!"

주님이 가신 길은 환호성이 있는 길이다. 많은 사람들이 환호했다. 소리 지르며 주님을 환영했다. 그러나 그것뿐이었다. 그들은 주님의 길을 이해하지 못했고, 불과 며칠 뒤에 주님을 십자가에 못 박으라고 소리를 지른다. 그들은 배반할 사람들이다. 심지어는 따라가는 제자들은 도망칠 것이다. 결국 철저히 혼자되는 길로 주님은 걸어가고 계신다.

사람들의 인정과 지지와 감탄과 환호가 있기는 했지만, 그것은 주님의 길과 상관없는 것이었다. 주님은 그 환호성에 마음을 기대지 않으시고, 묵묵히 자신의 길만 걸어가셨다. 무리의 환호성은 기댈 만한 것이 전혀 되지 못한다. 그건 신속하게 없어질 것이기 때문이다. 자신의 이익에 위배된다고 여겨지면 금세 사라질 것이기 때문이다. 주님의 길은 환호성을 따라가지 않는 길이었다. 환호성이 있으나 없으나 묵묵히 자신의 길을 걸어가신 주님의 길을 본다.

나의 길

주님이 가신 길만이 내가 걸어가야 할 유일한 올바른 길이다. 내가 채우지 않고 주님이 채우시는 길, 준마와 칼과 창을 욕심내지 않고 주님 주시는 나귀로 만족하는 길, 나를 인정하고 지지하는 사람, 환호하는 사람이 있겠으나, 그 환호에 마음 빼앗기지 않고 주님의 길을 함께 걸어갈 사람을 세우는 길, 아무도 그 길로 걸어가지 않아도, 나 혼자서라도 묵묵히 주님 가신 그 길을 따라가는 길이다.

그 길로 걸어가야 하는데 마음이 무너진다. 내 속에 있는 욕심을 보았기 때문이다. 내 속에 있는 욕망을 보았기 때문이다. 준마를 타고 멋진 칼과 창을 자랑하며 사람들 앞에 나서고 싶은 마음은 전혀 없지만, 새끼나귀는 아니면 좋겠다는, 적어도 말은 되면 좋겠다는 내 속의 부끄러운 마음을 보았기 때문이다.

주님의 십자가는 내게서 아직 너무 멀다. 주님이 말씀하신다. "새끼나귀로 만족하면 안 되겠니?" 주님의 이 말씀 앞에서 몸 둘 바 모르고 흐느끼는 아침이다.

이해되지 않는 무화과나무 저주

(막 11:12~26)

무화과나무를 저주하시는 주님이 이해가 되지 않는다. 무화과나무 이야기에서 이해되지 않는 몇 가지를 본다.

무화과나무를 저주하신 이유

(막 11:12, 새번역) 이튿날 그들이 베다니를 떠나갈 때에, 예수께서는 시장하셨다.

'주님이 시장하셔서서' 그게 무화과나무를 저주하신 이유다. 배가 고프신데 무화과나무가 열매를 드리지 않았다. 그 이유로 나무를 저주하셔서 말라 죽게 하셨다. 도대체 이해가 되지 않는다. '주님은 그런 분이 아니잖아요?'라고 주님께 말씀드려 본다.

무화과나무를 저주하신 때

(막 11:13, 새번역) 멀리서 잎이 무성한 무화과나무를 보시고, 혹시 그 나무에 열매가 있을까 하여 가까이 가서 보셨는데, 잎사귀 밖에는 아무것도 없었다. 무화과의 철이 아니었기 때문이다.

게다가 무화과가 열매 맺을 때가 아니었다. 아직 때가 되지도 않은 무화과를 저주하신 것이다. 때가 되었는데도 열매를 내지 않았기 때문이라면 그나마 이해를 할 만하다. 그런데 아직 때가 되지도 않았다. 또 주님께 항변해 본다. '때가 되지도 않은 무화과나무를 저주하시다니, 도대체 어쩌라고요?' 아. 도대체 어쩌란 말씀이신지...

주님은 생명을 저주하는 분이 아닌데...

(막 11:14, 새번역) 예수께서 그 나무에게 말씀하셨다. "이제부터 영원히, 네게서 열매를 따먹을 사람이 없을 것이다." 제자들이 예수께서 말씀하시는 것을 들었다.

　주님은 절대 생명을 저주하거나 죽이는 분이 아니다. 소경의 눈을 뜨게 하시고, 죽은 나사로를 살리시고, 돼지 떼를 죽이실 때도 사람을 살리기 위함이었다. 주님은 살리시는 분이다. 그런데 죽이신다. 저주까지 하면서 죽이신다. 계속 질문이 나온다. '도대체 왜 이러시나요? 주님.'

무화과나무 사건 이해하기

　마가복음에 대한 강의를 들었다. 강의하신 교수님이 이 부분에 대하여 정확한 이해를 주셨다. 이사야가 3년을 벗은 발로 예언하고 다녔다. 선지자가 낯 뜨거운 장면을 연출하고 다녔던 것이다. 왜 이사야는 그렇게 했을까? 그것은 실물계시였다. 하나님은 자신의 계시를 강력하고 생동감 있게 전달하기 위해 실물계시를 사용하신다.

무화과나무 이야기는 주님은 사용하신 실물계시다. 마가복음은 샌드위치 구조를 좋아한다. 성전청결 사건을 가운데 두고 양쪽으로 무화가 나무가 말라죽은 사건이 있다. 샌드위치 구조는 가운데 있는 사건을 더 확연하게 드러내기 위해서 사용한다. 즉 무화과나무 저주 사건은 성전청결 사건과 밀접한 관련이 있는 것이다.

성전에 대한 부분을 무화과 사건을 통해서 보여주고 있다. 성전의 유효성은 끝이 났다. 이제 이 헤롯성전은 더 이상 성전이 아니다. 이제 앞으로 어떤 건물도 더 이상 성전이 아니다. 건물로서의 성전은 고쳐서 깨끗하게 해야 할 대상이 아니라 저주받아 없어질 존재다. 왜 그럴까? 열매가 없기 때문이다. 메시야가 오신 순간에 열매를 내어드려야 하는데, 아직 메시야가 오지 않았다고 헛소리 하는, 깨달음조차 없는 종교 지도자를 양산하고 헛된 제사나 드리는, 건물로서의 성전은 없어질 것이다.

무화과나무가 저주받아 죽은 것처럼, 이 헤롯성전도 주님이 저주하신 얼마 후에 완전히 훼파되었다. 건물로서의 성전의 때가 끝난 것이다.

이 시대의 나는?

건물로서의 성전은 끝이 났다. 그런데 오늘날 수많은 교회들과 목회자들은 여전히 건물이 성전이라고 말한다. 수많은 교회들이 건물을 화려하게 짓는데 목숨을 건다. 주님께서 이미 끝내버린 것을 생명처럼 붙드는 이 모습은 분명 본질을 잃은 것이다.

건물이 성전이 아니면 무엇이 성전인가? 건물로서의 성전이 없어진 지금 나의 성전은 어디에 있는가? 주님만이 나의 성전이다. 그리고 내가 성전이다. 성도들의 모임이 성전이다. 그래서 내 가치관의 전환이 중요하고, 성도들의 모임의 질이 중요하다. 내가 매일 세상 가치관의 노예가 되어 살아간다면 성전이 더럽혀진 것이다. 그 가치관에 물든 상태로 성도들과 만나 교제하면 그 모임도 더럽혀진다. 성전 됨을 잃은 자신이 되고 성전 됨을 버린 모임이 된다.

건물로서의 성전을 아직도 붙든다면 주님의 저주를, 주님의 성전청결 사건을 만나게 될 것이다. 이미 주님의 성전청결 사건을 만났을지도 모른다. 그걸 무시하고 계속 성전인 척 하고 있을 뿐일지도 모른다. 내가 섬기는 교회는 어떤지 돌아볼 일이다. 나는 어떤지 돌아볼 일이다, 내가 속한 모임은 어떤지 돌아볼 일이다. 화려하고 멋진 건물에 속아서 성전 된 나 자신과 성도들의 모임이라는 그 본질을 소홀히 하는 어리석음에서 벗어나야 한다. 나는 성전으로서의 삶을 살아내고 있는지 돌아볼 일이다.

심판은 오늘날에도...

(막 11:27~12:12)

1.

어제 묵상에서 무화과나무를 저주하시는 사건을 통하여 열매 없는 이스라엘과 헛된 성전신앙과 타락한 종교지도자들을 심판하실 것을 보여주셨다.

2.

이제 악한 포도원 농부 비유를 통하여 다시 심판을 말씀하신다.

(막 12:9, 새번역) 그러니, 포도원 주인이 어떻게 하겠느냐? 그는 와서 농부들을 죽이고, 포도원을 다른 사람들에게 줄 것이다.

심판은 반드시 있다. 악한 농부들에게 주님은 심판을 선포하셨다. 그 악한 농부는 당시의 종교지도자들이었다. 그리고 열매 없고 자신의 배만 불리고 살아가는 이스라엘 백성들이었다. 오래 기다렸음에도 열매를 맺지 못하고 수확을 하지 못한다면 주님은 반드시 심판하신다.

3.

오늘날은 심판이 없을까? 그럴 리가 없다. 당시 이스라엘보다 더 심각하게 타락한 종교인들을 향해서 심판이 없을 리가 없다. 이미 건물로서의 성전이 폐지가 된 신약시대에 오늘날의 종교지도자들은 건물을 '성전'이라 칭하면서 사람들을 모은다. 그리고 돈을 모은다. 커지고 유명해지는 것에 목숨을 건다. 영혼에 깊은 울림을 주어 사람들의 삶을 바르게 돌이키는 진실한 설교는 선포되지 않고 건물의 화려함을 자랑한다. 그리고 하나님이 하셨다고 한다. 하나님의 이름을 빙자해서 자신의 욕망을 채우는 그 행위들은 하나님의 심판을 불러올 것이다. 돌 위에 돌 하나도 남지 않고 다 망할 것이다.

4.

성도들은 더 심각하다. 분별하지 않는 신앙인들, 그저 목회자의 말이라면 맹신하는 신앙인들로 교회가 가득하다. 그들이 기독교 신앙을 망치고 있는 것 같다. 신자는 눈을 떠서 그런 교회와 그런 목회자를 분별해야 한다. 분별하지 않으면 함께 죽는다. 이 교회가, 이 목회자가 과연 바르게 사역하는 것인지, 바른 신앙의 삶을 살고 있는 것인지를, 살피고 또 살펴야 한다. 그러지 않으면 그 교회와 목회자가 심판 받을 때 나도 함께 심판 받는다.

도망쳐야 한다. 심판 받을 교회를 분별해서 속히 도망쳐야 한다. 도망쳐 나와서 탐욕과 신앙을 혼동하지 않고 바르게 분별하는 교회와 목회자를 찾아야 한다. 분별하고 도망치는 성도가 아주 많아져야 그 교회도, 그 목회자도 비로소 소망이 있다. 잘못된 길에서 돌이킬 기회가 생기는 것이다. 그러지 않으면 함께 다 죽을 수밖에 없을 것이다.

5.

나는 교회를 개척했다. 교회들이 차고 넘칠 정도로 많은 이 시대에 나는 왜 또 다른 교회 하나를 더 세워야 했을까? 오직 한 가지 말씀 때문이다. 말씀을 스스로 읽고 묵상하고 지키길 소망하는 성도를 세우기 위해서다. 그것 한 가지면 충분하다고 단순하게 믿고, 신대원 공부를 1년 밖에 하지 않았지만 교회를 개척했다. 함께 시작해주신 분들이 있어서 너무 감사하다. 아무도 함께 해주시지 않았다면 아내와 함께 '출장예배 전문교회'를 하고 싶었다. 참된 예배에 갈급한 분들을 위한, 말씀이 살아있는 교회를 찾아다니지만 만나지 못한 분들을 위해 함께 말씀을 나누고 말씀을 스스로 붙들 방법을 가르쳐드리고 훈련하는 교회가 되고 싶었다.

불행인지 다행인지 함께 하시는 분들이 계셔서 학원 교실 한 칸에서 교회를 개척했다. 그리고 기쁘고 감사하게 예배하고 있다. 아무것도 이룬 것 없지만 너무 행복하다. 이렇게 아무것도 없어도 오직 말씀 하나 때문에 교회가 교회일 수 있음을 이렇게 누려간다. 성도들이 말씀 하나만 붙들 수 있도록, 그래서 본질적인 신앙의 삶을 살아가도록 돕고 훈련하려 한다. 그리고 말씀 안에서 함께 기쁨을 누리려 한다. 이런 교회를 세울 수 있어서 참으로 감사하다.

앎과 알지 못함

(막 12:13~27)

앎

(막 12:15, 새번역) 예수께서 그들의 속임수를 아시고, 그들에게 말씀하셨다. "어찌하여 나를 시험하느냐? 데나리온 한 닢을 가져다가, 나에게 보여 보아라."

　예수를 책잡으려고 바리새인과 헤롯당 중에서 사람을 보냈다. 연합할 수 없는 사람들이 예수님을 올무에 빠뜨리는 일에는 연합한다. 그러나 예수는 그들의 외식과 가식을 아셨다. 잘 아셨기에 적절해 대처하실 수가 있었다. 아는 것이 중요하다. 알지 못해서 속기도 하고 받아야 할 어려움보다 더 큰 어려움을 당하기도 한다. 알아야 한다.

알지 못함

(막 12:24, 새번역) 예수께서 그들에게 말씀하셨다. "너희는 성경도 모르고, 하나님의 능력도 모르니까, 잘못 생각하는 것이 아니냐?"

사두개인들까지 예수를 넘어뜨리려 시도했다. 부활을 믿지 않는 현실주의자들, 그래서 로마에 빌붙어 정권을 잡고 있는 자들이었다. 이들의 질문에 주님은 책망하셨다. "너희가 지도자라고 하면서 '성경'도, '하나님의 능력'도 알지 못하는구나."

알지 못하는 것이 문제다. 사두개인들은 정치를 알았고, 세상에서 살아남는 법은 알았으나, 성경을 몰랐고 하나님의 능력도 몰랐다. 그 결과 정치적으로는 살아남지만, 하나님의 나라를 몰랐다. 결국 생명을 좌우하는 가장 중요한 하나님의 나라는 버렸다. 성경과 하나님의 능력을 몰라서다.

앝은 분별력과 연결된다

예수는 성경을 아셨고 하나님의 능력도 아셨다. 그래서 바리새인과 헤롯당들의 악한 의도도 아셨다. 성경과 하나님의 능력을 알면 사람과 상황이 분별된다. 갈수록 분별력이 중요한 세상이다. 옳음과 옳지 않음이 섞여 있고, 바름과 틀림이 혼재되어서 무엇이 올바른 것인지 분별하기가 여간 어려운 게 아니다. 분별력이 있어야 할 때다. 분별력은 성경과 하나님의 능력을 아는 것에서 온다.

쉽지 않은 상황이었다. 바리새인은 이스라엘의 영적인 지도자들이었고, 헤롯당과 사두개인들은 정치적인 세력을 가진 자들이었다. 영적인 지도자, 정치적인 지도자들이 모두 예수를 넘어뜨릴 시도를 한 것이다. 이런 상황에서 넘어지지 않고 당당할 근거는 오직 하나 뿐이다. 성경과 하나님의 능력을 알고 그들 속에 무엇이 있는지를 분별하는 것이다.

알면 이긴다. 분별하면 당당할 수 있다. 성경과 하나님의 능력을 지식적으로 뿐 아니라 경험적으로 알기만 하면 어떤 다급한 상황 속에서도 당당하게 이겨나갈 수가 있다. 그래서 신앙에서 가장 중요한 것은 아는 것이다. 성경을 알고 하나님의 능력을 알아야 한다. 지식적으로 아는 것을 넘어 삶으로 알아야 하고 체험적으로까지 알아야 한다. 알아야 분별하고 알아야 속임수에 넘어가지 않고 알아야 신자답게 살아갈 수 있다.

왜 모를까?

이상하고 심각한 사실이 있다. 바리새인들과 서기관들이 성경을 모르는 자들이 아니었다는 사실이다. 그들은 율법학자들이었다. 이스라엘 사람들의 성경 선생이었다. 율법을 연구하고 그것을 적용하는 법을 이스라엘 백성들에게 가르쳤던 사람들이다. 그런데 왜 그들은 성경을 몰랐을까? 아니, 그들 스스로는 성경을 누구보다 잘 안다고 생각했을 것이다. 그런데 주님은 그들이 성경을 모른다고 말씀하셨다. 왜 그렇게 말씀하셨을까?

성경을 안다는 것은 반드시 하나님의 능력을 아는 것과 연결되기 때문이다. 하나님의 능력을 자신의 삶과 내면에서 경험하지 못하는 사람은 지식적으로 아무리 성경을 많이 알아도 성경을 아는 것이 아니다. 성경은 지식적으로만 아는 것이 전혀 아니기 때문이다. 지식으로 안 성경은 감정을 움직여야 하고 의지를 자극해야 한다. 그래서 실천을 하게 되어 삶이 변해야 한다. 그렇게 삶이 변하는 것이 하나님의 능력을 경험하는 것이다. 지식만이 아니라 지, 정, 의 전체가 사람의 인격이다. 그런데 바리새인과 서기관들은 성경을 지식적으로만 알았고, 그걸 가르치기만 했다. 그러니 그들은 하나님의 능력 즉 자신의 삶의 변화를 경험하지 못할 수밖에 없었다. 그렇기 때문에 그들은 성경도 모르고 하나님의 능력도 모른 것이다.

나는?

말씀을 묵상하는 나는 성경을 많이 알까? 나는 사실 성경을 지식적으로 많이, 그리고 다양한 관점으로 아는 것에는 크게 관심이 없다. 그래서 다른 목회자들에 비해서 성경을 지식적으로 아는 면에서는 별로 탁월하지 않다. 지식이 나를 살리는 것이 아니라 성경을 통해 하나님을 인격적으로 만나는 것이 나를 살리는 것임을 오랫동안 경험해 왔기 때문에, 나는 말씀을 통해 하나님과 교제하는 것에 관심이 있다.

그래서 나는 성경을 지식적으로 공부하기도 하지만, 하나님을 인격적으로 만나서 교제를 나누기에 부족하지 않을 정도만 한다. 나는 성경을 지식적으로만 아는 것에 결코 머물고 싶지 않다. 나는 말씀을 읽고 묵상하는 과정을 통해서 나의 지, 정, 의가 모두 영향을 받아 변하길 사모한다. 그 변화를 경험해야 하나님의 능력을 알게 되기 때문이다. 나도 성도들도 오직 말씀을 읽고 묵상함으로 성경을 온 인격으로 알아가고 하나님의 능력도 알아가길 간절히 소망한다.

부자가 아님도 감사

(막 12:35~44)

어릴 때 부모님을 원망했었다. 이런 가난한 집안의 아들로 태어나게 했다는 사실 때문이다. 제법 부자인 친구 집에 놀러 갔었다. 그 집의 웅장함과, 우리 집에 없는 신기한 것들을 보면서 감탄에 감탄을 금하지 못했다. 부자인 친구가 무척이나 부러웠다. 난 신앙이 없었고 너무 어렸었다.

어른이 되고, 열심히 신앙생활을 했었다. 교회에 신앙 좋아 보이는 장로님이 있었다. 부자였다. 부러웠다. 난 신앙의 어린 아이였다.

여전히 부자가 부럽다면 신앙의 어린아이임이 분명하다. 신앙이 무엇인지, 부유함이 무엇인지, 사회의 구조가 어떠한지 몰라서 부러운 것이다. 부자가 아님이 더 감사한 일일 수 있다. 몇 가지 이유가 있다.

많은 부자는 가산을 삼키기 때문

(막 12:40, 새번역) "그들은 과부들의 가산을 삼키고, 남에게 보이려고 길게 기도한다. 이런 사람들이야말로 더 엄한 심판을 받을 것이다."

서기관들은 과부의 가산을 삼킨 자들이다. 종교적인 방법이든, 정치적인 방법이든 이들은 갖은 수단과 방법을 사용해서 그들은 부자가 되었다. 그 와중에 알든 모르든 서기관들은 과부의 가산을 삼켰다. 가난한 누군가의 가산을 삼켰다. 그런데 고아와 과부와 가난한 사람들은 하나님이 가장 긍휼히 여기는 사람들이다.

오늘날의 많은 부자들도 동일하다. 누군가의 가산을 삼킨다. 사회구조 속에서 많은 부자들은 자신이 알면서 또는 부지중에 가난하고 어려운 사람들의 가산을 삼킨다. 정당한 이윤의 선을 넘어 큰 이윤을 추구하다 보니 다른 누군가에게 자신도 모르는 사이에 피해를 줄 수 있다. 하나님은 그런 부자에게 그 책임을 물으신다.

헌금을 많이 하는 것보다 중요한 것이 있기 때문

신앙인이 부자가 되고 싶어 하면서 스스로 이유를 만들어낸다. '많은 헌금을 하고 싶다.' 그는 심각하게 착각을 하고 있는 것이다. 하나님이 많은 헌금을 기뻐하실 것이라는 착각이다.

하나님은 돈이 부족한 분이 아니시다. 당연히 교회에도 많은 돈이 필요하지 않다. 많은 돈을 가져서 좋아진 교회가 있는가? 많은 돈을 가져서 나빠진 교회는 수도 없이 많다. 물론 교회가 정상적으로 운영될 만큼의 돈은 교회에 필요하다. 그러나 교회에는 정도를 넘어서는 돈이 필요하지는 않다. 그래서 많은 헌금을 하는 것보다 비교할 수 없이 중요한 것이 있다.

(막 12:44, 새번역) "모두 다 넉넉한 데서 얼마씩을 떼어 넣었지만, 이 과부는 가난한 가운데서 가진 것 모두 곧 자기 생활비 전부를 털어 넣었다."

가난한 가운데에서 자신의 삶을 드리는 것이다. 가난한 가운데에서도 하나님께 너무나 감사해서 눈물로 드리는 '적은' 헌금도 하나님이 기뻐하신다. 과부의 헌금만큼 부자가 헌금을 하려면 부자도 자신의 '생활비 전부'를 드려야 한다. 그런데 그렇게 하는 부자는 극히 드물다. 온갖 방법을 동원해서 엄청난 돈을 벌고 그 중에서 제법 많은 헌금을 할 수 있지만, 그것은 생활비 전부가 아니다. 당연히 생활비 전부를 드린 과부의 헌금이 하나님께 더 인정받는다.

하나님께 드리는 것은 '다른 사람보다 많이' 드려야 하는 것이 아니라, 스스로의 기준으로 드려야 한다. 하나님은 부자에게 '네 가진 것을 다 팔아 가난한 자들에게 주고 그리고 나서 나를 좇으라'(막10:21)라고 말씀하시지 않을까? 적어도 부자는 자신이 드리는 많은 헌금이 과부가 드리는 적은 헌금보다 더 소중하다고 생각하지는 말아야 할 것이다.

부자는 높아짐과 깊은 관련이 있기 때문

(막 12:39, 새번역) 회당에서는 높은 자리에 앉기를 좋아하고, 잔치에서는 윗자리에 앉기를 좋아한다.

서기관들은 높은 자리에 앉아서 높임 받기를 좋아했다. 높아짐과 부자는 밀접한 관련이 있는 것이다. 정치에서 높은 자리를 차지하는 것과 대기업과의 은밀한 유착관계는 어제 오늘 일이 아니다. 그 유착을 통하여 대기업도 정치가도 함께 높아지고 함께 부자가 되는 것이다. 그 과정에서 필연적으로 가난한 자들을 것을 착취하는 구조가 생기게 된다. 부자가 되려는 욕망과 높아지려는 욕망은 떨어질 수 없다.

높아지려는 것이 왜 문제일까? 교만은 패망의 선봉이기 때문이다. 하나님이 가장 싫어하시는 것이 교만이기 때문이다. 주님은 높아지려고 이 땅에 오시지 않으셨다. 도리어 사람들을 섬기고, 사람들을 위해 자신의 몸을 대속물로 주기 위해서 오셨다. 주님의 삶을 정면으로 대치하는 삶이 부자가 되려는 욕망이고 높아지려는 욕망이다.

부자는 희망이 없을까?

이렇게 보면 부자는 희망이 없는 것처럼 보이지만, 전혀 그렇지 않다. 부자임이 문제가 아니라 어떤 부자인지가 문제다. 성경에도 좋은 부자들 이야기가 나온다. 대표적으로 니고데모와 아리마데 사람 요셉이다. 이 사람들은 둘 다 공회원들이었다. 당시 이스라엘 사회에서 공회원이면 정치 종교에서 모두 권력자들이었다. 당연히 기본적으로 부자였다고 볼 수 있다.

이 두 사람은 부자였음에도 밤중에 주님을 찾아가서 진리에 대해 물었고, 주님이 돌아가셨을 때, 신분상의 위험을 감수하고 주님의 시신을 거두었다. 이들은 자신의 부가 자신의 영혼의 문제에 아무 도움이 되지 못함을 알았던 사람들이다. 그래서 부와 권력을 통해 더 높아지고 더 부자가 되려는 욕망을 가지지 않고 진리를 알고 싶은 갈망을 가지고 있었다.

부자라고 같은 부자가 아니다. 부가 목표가 되고 더 큰 부를 이루려는 갈망으로 가득 찬 부자, 부를 가지고 다른 사람을 억압하고 무시하는 부자가 있고, 부가 있음에도 그 부가 자신의 본질적인 영혼의 문제에 대해 여전히 목이 마른 부자가 있다. 부가 목표가 아닌, 높아짐이 목표가 아닌, 자신이 가진 부에도 불구하고 영생을 향한 갈망을 결코 버리지 않는 부자는 주님께 인정받는 참 신앙인으로 살아갈 수 있을 것이다.

나는?

말씀을 전하면서 쉽지 않다. 자본주의를 살아가고 있는 나와 성도님들의 삶을 보면서 자본주의와 반대 가치관으로 살라고 말하는 것이 참 쉽지 않다. 교회를 개척하기 전에는 그렇게 설교하기 쉬울 줄 알았다. 개척해서 성도들의 힘든 삶을 다 알면서 그 분들의 얼굴을 보면서 부자가 될 욕망을 버리라고 설교하는 것이 결코 쉽지 않다는 것을 느낀다. 재정적인 어려움을 겪고 있는 분들이 있기 때문에 세상의 돈에 대한 가치관과 반대로 살아가자고 설교하면서 때론 눈물이 날 만큼 마음이 아프다. 그럼에도 불구하고 참 감사하다. 하나님을 마음으로 찾고, 말씀을 묵상하려고 애를 쓰고, 하나님을 향해서 마음이 갈급한 성도님들의 모습에서 큰 은혜를 받기 때문이다.

예배시간 중에 헌금 시간이 따로 없고, 헌금 기도 시간도 없다. 신앙생활하면서 헌금에 상처받았을 성도님들께 자유를 드리고 싶어서 그렇게 하고 있다. 헌금하지 않아도, 헌금을 적게 해도 얼마든지 은혜를 누릴 수 있음을 알게 해 드리고 싶어서 그렇게 하고 있다. 그런데 이 분들이 헌금을 적지 않게 드린다. 그 헌금을 보면 눈물이 난다. 이 분들이 어떤 과정을 통해서 얼마나 힘들게 번 돈인지 알기 때문이다. 과부의 두 렙돈과 같은 가치의 헌금들이다. 함부로 쓸 수가 없다.

만약 부자인 분이 한 분 우리 교회에 와서 큰돈을 헌금하면 우리 교회에 좋을까? 그게 정말 우리 교회에 복일까? 그럴 수도 있고 아닐 수도 있으리라. 문제는 그 돈이 아니라 돈을 대하는 나와 성도들의 자세이리라. 그래서 기도한다.

주님. 제게도 성도님들에게도 말씀의빛교회에도 하나님을 잊을 만한 부를 주시지 마시고, 하나님을 찾을 여유조차 없을 만큼 가난하게도 마옵소서. 다만 우리에게 일용할 양식을 주옵소서. 그리고 이웃을 돌아볼 만큼의 작은 여유를 허락하옵소서. 기쁨으로 나의 것을 하나님과 이웃에게 드릴 감사의 마음으로 충만하게 하소서. 그래서 부유하든 부유하지 않든 오직 주의 은혜로 인하여 감사하는 삶을 살아가게 하옵소서.

Chapter 7

마가복음 13-14장 묵상

이 건물들

(막 13:1~13)

제자들은 '건물'에 관심이 많았다. 그래서 주님께 화려하고 웅장한 헤롯 성전에 대해서 말했다.

(막 13:1, 새번역) 예수께서 성전을 떠나가실 때에, 제자들 가운데서 한 사람이 예수께 말하였다. "선생님, 보십시오! 얼마나 굉장한 돌입니까! 얼마나 굉장한 건물들입니까!"

어디 제자들뿐이겠는가? 이 땅을 살아가는 대부분의 사람들이 '건물'에 관심이 많다. 조물주 위에 건물주라는 황당한 농담까지 생겼을 정도니 건물에 대한 사람들의 관심이 어떠한지 짐작할 수 있다. 당시의 헤롯성전은 로마 역사가들이 가장 크고 아름다운 건물로 손에 꼽는 화려한 건물이었다. 그 건물이 돌 위에 돌 하나도 남지 않고 다 무너뜨려 지지라는 주님의 말씀을 듣고 제자들은 얼마나 놀랐을까? 주님의 말씀은 중요한 것을 시사한다.

건물 중심의 신앙생활

그 화려한 헤롯성전은 얼마 지나지 않아 주님의 예언처럼 완전히 훼파되었다. 지금도 많은 교회건물들이 훼파되고 있다. 엄청난 빚으로 교회 건물을 짓고, 감당하지 못해서 경매로 넘어가고, 결국 이단에게 넘어가는 경우가 얼마나 많은가?

어떤 교회에 주일예배를 위한 주보에 어느 날 담임목사의 친필 편지가 들어있었다고 들었다. 성도 당 500만원씩 건축헌금을 하라는 내용이었다고 한다. 담임목사가 주일 새벽기도 때 감동을 받아 급하게 그 편지를 써서 주보에 넣었다고 광고 시간에 설명을 했다고 한다.

건물에 집중하는 교회는 결국 주님의 예언의 말씀이 그 건물에 응하게 될 것이다. 마찬가지로, 눈에 보이는 것들 중심으로 하는 신앙생활도 결국은 망하는 신앙생활이 되고 말 것이다. 건물을 성전으로 보았던 유대인들은 건물이 훼파되는 것을 보고 얼마나 황망하였을까? 유대인들의 그 황망함을 눈에 보이는 것 중심으로 신앙생활 하는 사람들도 반드시 경험하게 될 것이다.

건물이 없는 사역

주님의 사역을 생각한다. 주님은 사역하신 내내 한 순간도 '건물'이 없으셨다. 주님께는 배 위가 설교단이 되었고, 산이 예배당이 되었고, 들판이 부흥회장이 되었다. 그리고 숙소는 제자들과의 소그룹 모임장소였다. 그렇게 살다가 가셨다. 얼마나 건물이 없었으면 이렇게 말씀하실 정도로 제대로 편히 쉴 공간도 없으셨던 것 같다.

(마 8:20, 새번역) 예수께서 그에게 말씀하셨다. "여우도 굴이

있고, 하늘을 나는 새도 보금자리가 있으나, 인자는 머리 둘 곳이 없다."

건물이 중심이 되면, 어느새 모든 신앙의 초점이 건물을 유지하는데 집중된다. 자신도 모르는 사이에 본질이 없어져 버린다. 오늘날에 주님처럼 건물 없이 사역하는 것은 쉽지 않을 것이다. 당연히 최소한의 '모이는 장소'가 필요하다. 그러나 그것은 '최소한'이 좋다. 모이는 장소 이상이 되면 위험하다 보아야 할 것이다. 그리고 본질에 집중해야 한다. 바른 복음이 선포되고, 바른 복음을 통하여 전하는 자와 듣는 자의 삶이 변해야 한다. 가치관이 변하고 삶의 태도가 변해야 한다. 건물이 전혀 없이 사역하다 이 땅을 떠나신 주님의 그 마음을 배워야 한다.

이상한 모습

(막 13:9, 새번역) 너희는 스스로 조심하여라. 사람들이 너희를 법정에 넘겨줄 것이며, 너희가 회당에서 매를 맞을 것이다. 또 너희는 나 때문에 총독들과 임금들 앞에 서게 되고, 그들에게 증언할 것이다.

이상하다. 기독교 역사 내내 이상했었던 것 같다. 보이는 것 중심으로 살아가는 사람들은 언제나 보이지 않는 것 중심으로 신앙생활 하는 사람을 핍박한다는 사실이다. 핍박은 두 가지로 나타난다. 외부에서, 그리고 내부에서다.

외부의 핍박이 과거엔 많았다. 기득권을 잡은 세력들은 바르게 신앙 생활하는 사람들을 언제나 괴롭히고 박해했다. 개혁적인 가치관, 자신들의 통치의 근간을 이루는 가치관과 다른 성경적 가치관을 따르는 기독교인들을 통치자들이 봐낼 수가 없었던 것이다. 현대는 그런 핍박은 거의 없어 보인다. 그런데 그것보다 더 힘든 핍박이 있다. 나의 내부에서 일어나는 핍박이다. 왠지 자본주의의 가치관에 물든 교회들과 목회자들이 이룬 성취가 웅장하고 멋져 보인다. 반대로 나는 초라해 보인다. 그 비교의식이 나를 핍박한다.

자본주의의 가치관에 물들어 수십 년을 살아왔기에 그 가치관을 벗어버리는 것이 결코 쉽지 않다. 그래서 내가 나를 핍박한다. 찌질하게 살지 말라고, 성공해야 하지 않겠냐고, 너도 보란 듯이 사람들에게 자신을 증명해 보여야 하지 않겠냐고...

그것은 이상한 것이다. 틀린 것이 바른 것을 핍박하는 것이다. 그리스도인은 세상을 향해 크고 위대하고 웅장해져서 자신을 증명할 필요가 없는 사람들이다. 그리스도인은 하나님이 아들 예수를 십자가에 내어주심으로 이미 그 존재가치를 증명한 사람들이기 때문이다. 주님이 대신 죽으신 가장 소중한 존재인 신앙인과 교회들이 세상의 가치를 닮아서 참된 가치를 박해하는 것은 참으로 이상한 것이다.

끝까지 견딤

(막 13:13, 새번역) "너희는 내 이름 때문에 모든 사람에게서 미움을 받을 것이다. 그러나 끝까지 견디는 사람은 구원을 받을 것이다."

신앙에 대한 눈에 보이는 핍박이 없는 현대에 이 말씀을 어떻게 적용할까? 건물 중심, 보이는 것 중심의 신앙생활과 성공에 집착하는 신앙생활, 기복신앙 등에 장악되어 버린 기독교의 생태계에서 보이지 않는 것을 추구하고, 주님의 가신 길을 추구하고, 바른 신앙의 삶을 살아가려 노력하는 삶을 끝까지 포기하지 않는 것이 끝까지 견디는 것이 아닐까? 이런 관점에서 끝까지 견디는 삶이 되어야겠다.

잘못된 기복신앙과 성공주의와 화려한 건물에 집착하는 잘못된 신앙으로부터 끝까지 견딜 수 있기를 기도한다. 건물에 집착하지 않으셨던 주님, 보이는 것들이 아니라 보이지 않는 하나님의 나라를 붙들고 전파하며 이 땅을 살아가셨던 주님을 기억해야겠다.

경계심을 늦추지 말라

막 13:14~27

유대인들은 자신들의 신앙이 옳다고 확신했다. 그런데 주님은 유대신앙이 틀렸다고 하셨다. 틀렸다고 하실 뿐 아니라 돌 위에 돌 하나도 남지 않게 성전이 훼파될 것을 말씀하셨다. 그 예언이 주후 70년쯤 로마의 티투스에 의하여 이루어졌다. 그 때 헤롯성전이 완전히 훼파되었다.

나의 확신이 나를 옳게 만드는 것이 아니다. 강한 자기 확신 가운데 엉뚱하게 심판을 자초하는 삶이 될 가능성이 나에겐 얼마든지 있다. 주님이 주시는 말씀에 답이 있다. 종말에 무엇을 해야 하는지를 주님이 말씀하신다. 주님의 그 말씀만이 옳다. 주님의 말씀은 무엇일까?

경계심을 늦추지 말라

(막 13:23, 새번역) "그러므로 너희는 조심하여라. 내가 이 모든 일을 너희에게 미리 말하여 둔다."

'너희는 조심하여라'는 'be on your guard' 라고 NIV성경에서 기록하고 있다. '경계심을 늦추지 말라'는 의미다. 가장 위험한 것은 내가 옳다는 확신이다. 그래서 자신을 향해 경계심을 늦추지 않아야 한다. 나의 생각과 마음과 말에 대해서 경계를 게을리 하지 말아야 한다. 경계해야 할 두 가지 영역이 있다.

흔들리는 것에 주의

(막 13:25, 새번역) '별들이 하늘에서 떨어지고, 하늘의 세력들이 흔들릴 것이다.'

하나님을 대적하던 모든 것이 흔들리는 때가 온다. 그 어떤 권세자도, 그 어떤 강력한 집단도, 그 어떤 막강한 나라도 하나님의 심판을 피할 수 없다. 세상에서 강해지고 부유해지는 것을 추구하는 것은 어리석은 것이다. 그렇게 되고 싶어 하는 나의 욕망에 대해 경계심을 늦추지 말아야 한다. 나의 마음은 너무 악해서 끊임없이 높아짐을 추구한다. 말씀으로 나의 욕망에 보초를 세우지 않으면 흔들릴 것들에 마음을 빼앗기고 말게 된다.

모든 것은 흔들려도 주님의 나라는 흔들리지 않는다. 흔들리지 않는 주님의 나라에 집중하도록, 흔들리는 다른 것들에 관심을 빼앗기지 않기 위해 경계를 늦추지 말아야 한다.

하나님의 백성 되는 것에 집중

(막 13:27, 새번역) "그 때에 그는 천사들을 보내어, 땅 끝에서 하늘 끝까지, 사방에서 선택된 사람들을 모을 것이다."

권세도, 나라도, 강력한 집단도 다 흔들리지만, 하나님의 백성들은 모인다. 천사들에 의해서. 하나님이 자기 백성들을 땅 끝으로부터 하늘 끝까지 사방에서 모으신다. 온 땅에, 땅의 사방에 하나님의 백성이 살아가고 있다. 말씀에 자신의 삶을 걸고 묵묵히 살아가고 있다. 내가 그런 사람이 되는 것만이 유일한 생명의 길이다. 하나님의 백성다운 모습이 내 삶에 있어야 한다. 하나님의 백성으로 이 땅의 삶을 묵묵히 살아나가야 한다. 그러기 위해 자신에 대해, 눈에 보이는 것들에 대해, 흔들리는 것들에 대해 경계심을 늦추지 말아야 한다. 하나님의 백성으로 잘 살아가고 있는지, 오늘 하루의 삶이 하나님의 백성으로서의 삶인지, 어제 하루의 삶은 그런 삶이었는지를 늘 돌아보아야 한다. 그렇게 살아가는 신자들이 세계 곳곳에 존재하고 있다. 때가 되면 주님은 천사를 보내어 그렇게 살아가는 신자들을 모을 것이다. 그들이 모여 하나님에 대한 갈망과 하나님의 인도하심에 대해 깊은 나눔을 하며 기뻐할 것이다.

모든 병에서 가장 조심해야 하는 것이 '방심'이라고 한다. 맞다. 신앙생활에서도 가장 조심할 것은 '방심'이다. 방심해서 세상의 가치관에 마음을 빼앗기지 않도록 조심하고 경계해야겠다.

눈물 날만큼 다른 삶들

(막 14:1~11)

세 부류의 사람들의 삶을 본다. 눈물이 날만큼 다른 그들의 삶이다.

대제사장, 율법학자(서기관)

(막 14:1, 새번역) 유월절과 무교절 이틀 전이었다. 그런데 대제사장들과 율법학자들은 '어떻게 속임수를 써서 예수를 붙잡아 죽일까' 하고 궁리하고 있었다.

대제사장들과 율법학자들은 종교적인 지도자들이면서 동시에 정치적인 권력도 가진 지도자들이다. 당시 유대 사회에서 가장 확실한 기득권을 잡고 있는 사람들이었다. 사람이 권력을 가지면 어쩔 수가 없나 보다. TV나 영화에서 보는 권력을 가진 사람들의 갖가지 권모술수와 흉계들이 이들에게서 그대로 보인다. 이들의 삶의 특징은 '흉계'다. 갖가지 모략과 흉계로 자신이 이미 가지고 있는 기득권을 지키려한다. 이들은 기득권을 지키는 것이 삶의 목표인 사람들이었다. 그 마음 때문에 주님을 알아보지 못했다. 아니, 알아보고도 그를 죽이려 했다. 가장 불쌍한 사람들이다.

가룟 유다

(막 14:11, 새번역) 그들은 유다의 말을 듣고서 기뻐하여, 그에게 은돈을 주기로 약속하였다. 그래서 유다는 예수를 넘겨 줄 적당한 기회를 노리고 있었다.

예수를 죽일 기회를 얻을 수 있다는 마음에 기뻐하는 그들(대제사장들)과 결탁하는 가룟 유다다. 유다는 왜 이럴 수밖에 없었을까? 예수를 따른다는 것이 결코 쉽지 않음을 본다.

예수를 따름에 있어서 자신의 삶의 목표와 자신의 가치관을 버리지 않고 그대로 가지고 있다면 가룟 유다처럼 될 수밖에 없다.

예수를 믿는다는 것은 나의 것을 그대로 두고 무언가를 얻고 획득하고 쟁취하는 것이 아니라, 내 가치관을 버리고, 나를 버리고, 내가 변하고, 내가 새로워지는, 즉 '새 피조물'이 되는 과정이다. 예수 믿는 것을 내 뜻을 이루는 도구쯤으로 생각하는 사람은 필연적으로 가룟 유다와 같은 결말을 가질 수밖에 없다. 가장 비참한 사람이다.

한 여자

(막 14:3, 새번역) 예수께서 베다니에서 나병 환자였던 시몬의 집에 머무실 때에, 음식을 잡수시고 계시는데, 한 여자가 매우 값진 순수한 나드 향유 한 옥합을 가지고 와서, 그 옥합을 깨뜨리고, 향유를 예수의 머리에 부었다.

평생 모은 재산을 한 순간에 버리는 여인이다. 그것도 예수님의 발에 '허비'했다. 신앙을 모르는 사람은 주님께 삶을 드리는 것을 '허비'라고 생각한다. 그러나 그렇게 '허비'하는 당사자는 깊은 감격과 감사 때문에 그렇게 하는 것이다. 그것은 '허비'가 아니라 가장 귀한 곳에 '드리는' 것이다.

평생 모은 것을 드리는 것은, 자신의 삶을 드리겠다는 것이다. 내 인생 전부를 드려도 아깝지 않다는 고백이다. 아이러니하게도 가장 아름다운 헌신을 하는 사람이 종교지도자도 아니고, 영적인 지도자들도 아니고, 심지어 예수님의 제자들도 아니고, 어떤 남자도 아니고, 그 당시에 사람의 숫자에도 들지 않았던 여자였다. 이름도 기록되지 않은 그냥 '한 여자'였다.

놀랍게도 이 여자가 주님의 장례를 준비했다. 아무도 준비해주지 않았고, 아무도 알지도 못했던 주님의 장례를 미리 준비해준 아름다운 여인이 되었다. 가장 소외된 사람이 주님을 만나서 가장 아름다운 삶이 되었다. 자신의 삶이 가장 가치 없다 여기는 사람일수록 주님을 의미 있게 만난다. 자신의 삶이 중요한 사람일수록 주님을 버린다.

나는?

나는 찌질한 사람이고 악한 사람이다. 언제나 나의 정체성은 그렇다. 내가 목회자가 되었다는 사실이 가슴이 벅찰 때가 많다. 걸어가다가도 '내가 목회를 하면서 살아가다니'라는 생각이 들면 울컥한다. 죄인인 나를 사랑하시는 주님을 말씀 속에서 만나서 생명을 얻었고, 그 기쁨이 너무 커서 말씀에 삶을 걸면서 살아왔다. 그러다가 말씀의 인도를 받아서 삶의 터전을 경기도로 옮기고 신학을 공부하고 교회를 개척했다. 이 모든 과정이 꿈만 같다.

기득권이 없어서 감사하고, 기득권을 갖고 싶은 생각도 없어서 감사하고, 기득권을 가질 능력이 전혀 없어서 감사하다. 그리고 내 생각대로 목회하고 내 고집대로 신앙생활 하는 위험에서 벗어나기 위해 말씀을 치열하게 묵상하고 있어서 감사하다. 말씀이 생명인 이유는, 나의 죄성에서 나오는 욕심에 따라 삶과 신앙의 방향을 정하지 않기 위해서다. 가장 사모하는 사람인 '한 여인'의 삶을 본다. 그 여인처럼 나도 살아가고 싶다.

자신의 삶의 전부라 말할 수 있는 향유를 주님께 허비한 여인처럼, 내 삶의 모든 것을 말씀을 묵상하여 주님과 교제하는 것에 '허비'하려 한다. 그 허비가 나의 삶에 가장 귀한 투자가 될 것을 믿는다. 말씀의 가치가 나의 내면으로 파고 들어오는 것보다 귀한 일을 없을 것이므로. 나도 성도들도 오직 말씀에 자신의 삶을 다 '허비'할 수 있기를 간절히 소망한다.

필요한 만큼만

(막 14:12~2)

사람은 재산을 모은다. 필요를 생각하지 않고 필요보다 훨씬 많은 재산을 모으려고 한다. 주님도 그러셨을까? 주님의 삶의 모습을 본다.

천지의 주인이신 주님의 삶의 태도

주님은 온 땅의 창조주이시다. 당연히 온 땅과 우주의 주인이시다. 온 지구가 주님의 것이다. 주님은 진정한 부동산 왕이시다. 그런데 주님은 어떤 태도로 삶을 사셨을까?

(막 14:14-15, 새번역) [14] "그리고 그가 들어가는 집으로 가서, 그 집 주인에게 말하기를 '선생님께서 하시는 말씀이, 내가 내 제자들과 함께 유월절 음식을 먹을 내 사랑방이 어디에 있느냐고 하십니다' 하여라. [15] 그러면 그는 자리를 깔아서 준비한 큰 다락방을 너희에게 보여 줄 것이니, 거기에 우리를 위하여 준비를 하여라."

천지의 주인이시고 온 땅이 주님의 것인데, 멋들어진 성전, 멋들어진 숙소, 제자들을 편히 교육할 기숙학교 정도를 지으시면 안 될까? 그러면 얼마나 편하게 사역하실 수 있었을까? 그러나 주님은 그러지 않으셨다. 오히려 주님은 자신을 따르려는 어떤 사람에게 이렇게까지 말씀하셨다.

(눅 9:58, 새번역) 예수께서 그에게 말씀하셨다. "여우도 굴이 있고, 하늘을 나는 새도 보금자리가 있으나, 인자는 머리 둘 곳이 없다."

온 땅의 주인이신 주님이 머리 둘 곳이 없는 삶을 사셨다.

그런데 주님은 머리 둘 곳은 없으셨으나 필요한 것은 모두 사용하셨다. 나귀가 필요할 때 나가서 누군가의 나귀를 가져오게 하셨고, 유월절 지낼 장소가 필요할 때 나가서 그 장소를 얻게 하셨다. 놀랍게도 언제나 필요한 것은 준비되어 있었다. 눈에 보이지 않았지만 그것은 주님이 사용하시도록 준비되어 있었던 것이다.

하나님의 자녀인 우리의 삶은?

하나님의 자녀 된 나는 어떤 태도로 살아야 할까? 하나님이 온 땅의 주인이시니 내가 더 많은 것을 소유하고, 더 큰 집을 가지고, 화려하고 멋들어진 교회 건물을 가져야 할까? 인생이 끝나서 하나님께 돌아가서 뭐하다가 왔냐고 물으실 때, 열심히 '소유'하다가 왔다고, 집을 키우다가 왔다고, 멋진 교회 건물을 짓다가 왔다고 말하면 하나님이 이렇게 말씀하시지 않을까? "그 모든 것이 이미 내 것이고 이미 너의 것이었는데 그것들을 소유하느라 소중한 인생을 낭비하였구나."

내 것이 없어서 불안한 사람은 모으고 축적하고 쌓는다. 열심히 쌓아 놓아야 안심하기 때문이다. 그러나 세상의 모든 것이 하나님의 것임을 아는 사람은 그럴 필요가 없다. '지금 필요한 만큼만' 있으면 된다. 지금 살아가고 사역할 수 있을 정도만 있으면 된다. 그래서 주님이 기도를 가르치시면서 '일용할 양식을 주옵시고'라고 하셨다. 지금 필요한 것만 '사용'하면 된다. 지금 필요한 것, 일용할 양식을 구하는 자에게 주님은 반드시 응답하신다. '소유'에 집착하는 것은 주의 자녀로서의 정체성을 잃은 행동이다.

나는?

과거에는 소유하지 못한 열등감이 나의 마음을 짓누르고 앞으로도 소유하지 못할 것 같은 불안함이 나의 마음을 한없는 걱정과 염려에 빠지게 했다. 그때는 생각했다. 내가 능력이 있어서 아무의 도움도 없이 살아가는 것이 가장 좋은 삶이라고. 그러려면 많이 모아두어야 한다고. 그런 삶에는 감격이 적었다. 나의 젊은 날에 나는 대부분의 시간을 그런 마음으로 살았다.

조금씩 배워간다. 주님의 태도와 마음을. 조금씩 알아간다. 내가 주의 자녀 됨을. 조금씩 익혀간다. 주의 자녀의 삶의 태도를. 조금씩 위로받는다. 주의 자녀로서 누리는 삶에서.

갑자기 생기는 작은 선물에, 모르는 사람이 보내온 적은 금액의 후원에, 꼭 필요한 정도의 도움에 감격하는 삶을 요즘 살아가고 있다. '필요한 만큼'이 주님이 이 땅을 살아가면서 살아간 방식이었다. 나에게도 그렇게 살라고 말씀하시는 듯하다. 여전히 필요한 것보다 더 많이 소유하고 싶고, 필요를 걱정하지 않아도 될 만큼 충분한 것을 쌓아두고 싶지만, 필요한 만큼만 공급받고 살아가는 법을 조금씩 배우게 하시는 주님을 찬양한다. 필요를 채우시는 아버지를 느끼고, 선물과 후원을 제공하는 사람들의 소중한 마음을 느낀다. 내 힘으로 모든 것을 소유하는 삶과는 비교할 수 없는 기쁨을 배워간다.

힘 있게

(막 14:22~3)

일을 잘 되게 하려면 어떻게 해야 할까? 무언가 일이 잘 되지 않을 때 상황을 반전시키려면 어떻게 해야 할까? 보통 의 대답은 '더 열심히,' '더 힘을 내어서' 쯤이 될 것이다. 그 것이 정답일지 생각해본다.

힘 있게

(막 14:31, 새번역) 그러나 베드로는 힘주어서 말하였다. "내

가 선생님과 함께 죽는 한이 있을지라도, 절대로 선생님을 모른다고 하지 않겠습니다." 나머지 모두도 그렇게 말하였다.

주님께서 제자들에게 말씀하셨다. "너희들은 다 나를 버릴 것이다." 베드로가 말했다. "다른 사람은 다 버려도 나는 그러지 않습니다." 주님이 말씀하셨다. "오늘 이 밤에 나를 세 번 부인할 것이다." 그 때, 베드로는 말했다. '힘 있게.' 자신의 의지를 더 강하게 전달하려고 '힘 있게' 말한 베드로다. 힘을 주어서, 세게, 목소리를 높여서 말을 했다. 그러나 그렇게 힘을 주었던 것이 무색하게 그는 주님을 세 번 이나 부인하고 말았다.

힘 있게 말하고, 힘을 주어서 행동하고, 내가 할 수 있는 모든 힘을 짜내어서 열심히 한다고 해서 다 좋아지는 것은 아니다. 힘을 아무리 주어도 아닌 것은 아닌 것이다.

내 삶에 무언가 풀리지 않을 때 힘을 내어서 열심히 해야 한다. 그러나 알아야 한다. 그런다고 다 잘되는 것은 아님을. 나의 모든 힘을 다 짜내고, 나의 모든 의지를 다 동원해도 안 될 때가 많다. 뭐가 문제일까? 힘 있게 말하는 것, 힘 있게 시도하는 것이 문제일까? 뭐가 문제여서 힘 있게 말해도 말한 대로 살아내지 못했을까?

힘을 빼야 한다

오히려 힘을 빼야 할 시점에 베드로는 힘을 너무 준 것은 아닐까? 힘을 주고 또 주어 보아도 절대로 되지 않는 것이 있다. 그것은 마음이다. 두려움과 염려와 걱정과 목숨을 잃을지도 모를 상황에 대한 무서움이 베드로의 마음을 지배하고 있었다. 그 마음을 다스릴 능력이 베드로에겐 없었다. 능력이 없는데 아무리 힘을 내어 보아도, 아무리 최선을 다해보아도, 아무리 죽을힘을 다해 보아도 아무 소용이 없다. 아무리 '죽을지언정 주를 부인하지 않겠다.'고 소리 질러 보아도 그렇게 살 수 있는 것이 아니다.

이런 문제는 오히려 힘을 빼야 한다. 힘을 빼고 자신을 돌아봐야 한다. 물론, 힘을 뺀다고 살아지는 것도 아니다. 문제는 평소의 삶이다. 평소에 얼마나 주님의 마음을 헤아리고 살았느냐, 평소에 얼마나 말씀대로 살려고 고민했느냐, 평소에 얼마나 말씀을 묵상하고 기도했느냐가 그 상황에서 끝까지 주님을 따르느냐 못 따르느냐를 결정한다. 매일 매일 조금씩 주님을 따르는 삶을 살아가면서 몸에 힘을 빼는 것이 오히려 그 날에 승리를 보장해 준다. 힘을 주어서가 아니라 힘을 빼는 것이 올바른 신앙생활의 비결이다.

나는?

어떤 목사님의 강의를 들었다. 처음에는 지루했다. 목소리도 조용하고, 느릿느릿 말씀하시는 그 강의를 들으면서 그냥 중간에 잠을 자버리려고 할 정도였다. 그런데 계속 듣다보니 그 강의의 내용에 빨려든다. 조곤조곤 말씀하시는 그 강의를 듣다보니 어느새 마음에 깊은 감동이 들어와 있음을 느끼게 되었다. 그 목사님은 전혀 '힘 있게' 말하지 않았으나 강의의 내용은 굉장히 힘 있게 내 맘을 파고들었다.

왜 그럴까 생각해 보았다. 그 분은 인문학을 깊이 공부한 분이셨다. 인문학의 깊은 소양이 말씀하시는 구구절절이 배어나왔다. 조용조용 말씀하시지만, 인간에 대한 깊은 통찰을 가지고 말씀과 연결시키는 탁월함이 있었다. 힘 있지 않은 목소리로 힘 있게 파고드는 강의를 하시는 그 목사님이 금세 존경스러워졌다. 설교만 하고, 강의만 하면 왠지 톤이 높아지는 나의 모습이 조금 찔린다. 왠지 내면에 깊음이 적어서 목소리만 높이는 것은 아닌지 자신을 돌아본다. 힘 있게 말하는 것보다 힘 있는 매일의 삶, 힘 있는 평소의 경건의 훈련, 힘 있는 하루하루의 신자다운 삶을 살아가길 소망한다.

마음의 문제는 힘 있게 말한다고 해결되는 것이 아니다. 매일의 삶과 매일의 경건의 훈련이 마음의 문제를 해결할 수 있을 뿐이다. 힘을 빼고 매일 매일을 성실하게 말씀과 함께 살아가는 것만이 비결임을 배운다.

'욱!'과 베 홑이불

(막 14:43-52)

세상을 살아가면서 '욱!'할 때가 많다. 왜 '욱!'하는 것일까?
가장 중요한 이유가 있다.

'욱!'을 부르는 사람들

(막 14:43, 새번역) 그런데 예수께서 아직 말씀하고 계실 때에,
열두 제자 가운데 하나인 유다가 곧 왔다. 대제사장들과 율법
학자들과 장로들이 보낸 무리가 칼과 몽둥이를 들고 그와 함께
왔다.

제자들이 가룟 유다를 보았다. 얼마 전까지만 해도 자신들과 함께 유월절 식탁에서 식사했던, 3년간 동고동락했던 그 유다가 예수님을 잡으러 오는 무리와 함께 오고 있는 것을 보았다. '욱!'하고 올라왔다. 그래서 대제사장의 종을 쳐서 그 귀를 베어버렸다. 그는 베드로였다. (요18:10).

'욱!'이 주는 결과

(막 14:50, 새번역) 제자들은 모두 예수를 버리고 달아났다.

'욱!'하는 마음대로 행동해서 '적'을 처리했다. 그러나 정작 결정적인 순간에는 예수를 버리고 도망치는 제자들이다. 물론 '욱!'해서 '적'의 귀를 벤 베드로도 세 번이나 주님을 부인하고 결국 도망쳤다. '욱!'이 이룬 것은 아무 것도 없었다. '욱!' 했지만, 결과는 한 사람의 귀를 잘랐을 뿐이고 (주님이 다시 붙여주셨다.) 주님이 십자가로 가는 것을 막지도 못했고, 자신이 주님을 배반하는 것도 막지 못했다. '욱!'이 이룬 것 중에 선한 것은 아무 것도 없었다.

베 홑이불

마음이 깊이 아파오는 장면을 읽는다.

(막 14:51-52, 새번역) [51] 그런데 어떤 젊은이가 맨몸에 홑이불을 두르고, 예수를 따라가고 있었다. 그들이 그를 잡으려고 하니, [52] 그는 홑이불을 버리고, 맨몸으로 달아났다.

이 장면은 마치 영화의 한 장면처럼 떠오른다. 이 '어떤 젊은이'는 아마 이 성경을 기록한 '요한 마가'였을 것이다. 그는 베 홑이불을 버리고 알몸으로 도망쳤다. 주님을 따르는 사람이었기 때문에 주님이 잡히시자 마가는 자신에게 닥칠 위험이 두려워 살기 위해서 서둘러 도망치는 모습이다.

히브리서의 말씀이 생각난다.

(히 2:15, 새번역) 또 일생 동안 죽음의 공포 때문에 종노릇하는 사람들을 해방시키시기 위함이었습니다.

죽기를 무서워하여 한평생 매여 종노릇하는 데서 한 발자국도 벗어나지 못한 요한 마가의 모습과 제자들의 모습이다. 죽기가 무섭다. 그래서 일생에 매여 종노릇하는 나의 모습과 알몸으로 도망치는 요한 마가의 모습이 오버랩 된다.

안타깝다. 슬프다. 슬픔이 지나쳐 아프다. '욱!', 즉 혈기는 죽기를 무서워해서 일생에 매여 종노릇하는 데서 한 치도 벗어나게 하지 못한다. 그 단순한 혈기는 오히려 결정적인 순간에 자기 목숨을 보존하려고 주님을 배반하는 비참한 결과에 이르게 할 뿐이다.

나는?

'욱!'을 가지지 않은 사람이 있을까? 정도의 차이는 있지만 누구나 '욱!'을 한다. '욱!'을 쉽게 드러내느냐, 잘 참고 속으로 삭히느냐의 차이일 뿐이다.

오래전 부산에서 학원을 경영할 때, 특이한 문제점을 가진 학생들을 많이 가르쳤었다. 잘 참았다. 잘 참고 상담하고 다독여주고, 나름 따뜻하게 잘 돌본 듯하다. 그러다가 어느 날 한 학생이 결석을 했는데, 전화 해보니 게임방이라고 한다. 지금 당장 학원으로 오라고 말하고 전화를 끊었다. 한참을 지나도 오지 않았고, 다시 전화해서 고래고래 고함을 지르면서 당장 튀어오라고 했다. 분을 삭일 수가 없었다. 결과는 그 학생은 학원을 그만두었고, (그 부모가 나를 믿고 보낸 학생이었는데...) 그 부모와의 나와의 관계에도 큐이 가고 말았다.

'욱!'을 가지고 해결할 수 있는 것은 아무 것도 없다. 상황을 조금이라도 좋게 만들 수 없다. 더 심각한 것은 나를 조금도 발전시키지 못한다. 내가 '욱!'하지만, 사실 나는 죽음을 무서워하는 삶에서 한 발자국도 벗어나지 못하고 있지 않은가? 죽음의 공포에 매여 종노릇하는 삶에서 한 발자국도 벗어나지 못하고 있지 않은가? 나의 혈기는 결코 믿을 것이 못된다. 오직 주의 십자가만이 나의 유일한 소망이다. 그래서 주님이 십자가로 걸어가셨다.

내가 펄펄 살아 날뛰는 나의 혈기(욱!)는 결국 나를 죽이고, 주님이 죽음의 길로 걸어가신 그 십자가의 길은 결국 나를 살린다. 나의 '욱'이 아니라 십자가만이 내 삶의 유일한 소망이다.

하나님을 아는 방법

(막 14:53~7)

하나님은 참 이상하시다. 성경이라는 기독교의 경전을 만드시면서 "받아 적으라."고 해서 하나님에 대해서, 그리고 사람이 살아야 할 방법에 대해서 하나부터 열까지 다 적으셨으면 얼마나 좋을까? 그랬다면 사람이 하나님을 오해할 일도, 이단이 생길 일도, 사람들이 핑계를 대고 도망칠 가능성도 전혀 없어지는 것 아닐까? 왜 성경이라는 책을 이리 복잡하게 만들었을까? 누가 썼는지 모를 책이 많고, 사람들의 찌질한 이야기가 적혀 있고, 말도 안 되는 황당한 사건들도 적혀 있고,

시험에 들 만한 내용들도 적혀 있는 이런 내용의 '사람들이 쓴' 책들을 모아서 성경으로 형성되게 하신 이유가 뭘까? 몇 가지의 이유가 있다.

명시적으로 설명해서 하나님을 알 수 있는 것이 아니기에

하나님이 자신을 명시적으로 설명하지 않으셨나? 그러신 적이 당연히 있으셨다. 모세에게 십계명을 주셨다. 율법도 주셨다. 그러나 십계명도, 율법도 심하게 변질되었을 뿐이다. 하나님의 의도를 무시하고 변질된 용도로 사용해서 오히려 하나님의 마음을 심하게 아프게 했을 뿐이다. 아무리 명시적으로 하나님을 가르치고, 사람이 해야 할 일을 나열한다고 해도 그것으로 하나님을 알게 되거나, 그것으로 사람이 좋아질 수 없다.

한 사람을 알아가는 것도 마찬가지 아닌가? '나는 이런 사람이다.'라고 아무리 명시적인 정의를 내려서 설명한다 해도 그것으로 그 사람을 어떻게 다 알 수 있단 말인가? 사람은 인격적인 존재여서 그런 식으로 설명해서 사람을 다 설명하는 것은 불가능하다. 하나님도 인격적인 분이다. 명시적 설명만으로는 절대로 그 분을 알 수가 없다.

그럼 어떤 방법으로 하나님을 알 수 있나?

성경은 참으로 놀라운 책이 아닐 수 없다. 사람이 쓴 책이다. 하나님이 "받아 적으라."고 하신 부분은 아주 조금 뿐이다. (구약의 예언서들과 요한 계시록의 극히 일부) 사람이 쓴 책을, 그것도 아주 여러 사람들이 쓴 책을 모아서 그것을 성경이라고 우리는 부르고 있는 것이다.

성경의 대부분은 명시적 설명이 아니라 '스토리'다. 즉 성경을 읽는 사람은 스토리를 통하여 하나님을 알아간다. 어떤 인격적인 존재를 가장 잘 알 수 있는 방법은 그 존재가 어떤일을 어떻게 하는가를 보는 것이다. 하나님은 성경을 통하여그 방법으로 자신을 보여주고 계신다.

하나님을 아는 방법은 먼저, 성경에 기록된 스토리 속에서하나님의 성품을 발견하는 것이다. 그리고 다음으로, 발견한 하나님의 성품을 내 삶 속에서 다시 확인하는 것이다. 그 방법이 아니고 하나님을 제대로 알아갈 방법은 없다.

베드로 이야기에서 깨닫게 되는 것은?

(막 14:72, 새번역) 그러자 곧 닭이 두 번째 울었다. 그래서 베드로는 예수께서 자기에게 "닭이 두 번 울기 전에, 네가 나를 세 번 모른다고 할 것이다" 하신 그 말씀이 생각나서, 엎드려서 울었다.

마가복음은 요한 마가가 스승인 베드로의 이야기를 적은 것이다. 그래서 마가복음은 두 사람을 느낄 수 있다. 요한 마가와 베드로다. 마가는 베드로를 지극히 부정적으로 묘사하고 있다. 실수하고 잘못하고 부족한 모습만을 강조한다. 모르는 사람이 보면 '마가가 베드로에게 악감정을 가지고 있지 않나?' 싶을 정도로 베드로는 부정적으로 묘사되어 있다. 사실은 베드로가 자기 자신을 그렇게 묘사하는 것이다. 마가복음은 베드로의 자기 묘사를 마가가 적은 것이다. 베드로는 의도적으로 자신의 긍정적 모습은 말하지 않고 부정적인 모습만

묘사한 것 같다. 베드로는 왜 그렇게 했을까? 그리고 마가는 왜 그런 이야기를 적나라하게 묘사했을까?

사람은 부정적 모습이 본질에 가까운 모습이고, 그 사람과 교제하시는 하나님의 모습이 하나님의 속성을 설명하기에 가장 좋기 때문인 듯하다. 성경 속의 사람 이야기는 모두 하나님의 속성, 하나님의 성품, 즉 하나님에 대해서 설명하는 이야기다. 수제자 베드로가 세 번이나 주님을 부인하는 장면을 통하여 하나님이 대해서, 예수에 대해서, 하나님의 성품에 대해서 배우는 바가 크다.

베드로의 모습에서 배우는 것

마가복음을 직접 읽은 사람들은 아마 극심한 핍박과 어려움을 겪고 있는 성도들이었을 것이다. 당연히 배도자가 많았고, 마가복음을 읽고 있는 사람도 자신의 신앙을 지켜가는 것이 참으로 버거웠을 것이다. 그들을 향하여 말하는 마가 요한의 이야기가, 그리고 그 이면에서 말하는 베드로의 이야기가 마가복음이다. 신앙을 지키기 버거운 당시 성도들, 언제 배도

할지 모를, 아니면 언제 죽을지 모를 극심한 위험과 불안 속에서 하루하루 힘겹게 신앙을 지켜가는 그 당시의 성도들에게 베드로가 주님을 부인하는 이야기는 얼마나 큰 위로가 되었을까?

마가복음은 제자도의 책인데, 그 제자도의 끝은 제자들이 다 도망가는 것이었다. 베드로마저 주님을 부인했다. '그 위대한 사도 베드로가 사실은 목숨을 지키려고 세 번이나 주님을 부인했던 사람이다. 그러니 여러분도 걱정하지 말라. 여러분이 무언가를 할 수 있는 것이 아니라, 주님이 하신다.'라는 메시지가 당시 성도들의 마음속에 깊은 울림으로 전달되었을 것이다. 베 홑이불 감싸고 도망치는 마가 이야기와 세 번이나 주님을 부인하는 베드로의 이야기는 배도의 위험에 직면해 있거나 실제로 배도를 했을지도 모르는 당시 성도들에게 위로와 힘을 주었을 것이다.

나는?

나는 어떤 사람인가? 한 없이 연약하다. 찌질하고 부족한 사람이다. 이런 나이기에 마가복음의 제자도가 내게 얼마나 큰 위로가 되는지 모른다. 위대한 사도 베드로가 자신의 약점을 다 드러내면서 호소하는 따뜻한 목소리가 들리는 듯하다.

"나도 실패한 사람입니다. 실패하고 또 실패한 사람입니다. 실패하고 또 실패하다가 막판에는 주님을 세 번이나 부인한 감당 못할 죄인입니다. 형제여. 당신도 실패할 것입니다. 그러나 당신의 실패가 당신이 제자의 길을 걸어가지 못하도록 결코 막지 못할 것입니다. 나를 결국 사도로 살아가게 하심처럼 주님께서 당신도 결국 제자의 삶을 살도록 인도하실 것입니다."라는 메시지가 나를 향해서 들려오는 듯하다.

베드로의 실패이야기는 내게는 따뜻한 위로의 이야기다. '그 일을 생각하고 울었더라.'(막14:72)라는 구절에서 보는 위대한 사도 베드로의 울음이 나에게 한없는 위로가 된다. 나도 실패의 자리에서 울고 또 울었던 경험이 많았기 때문이다.

제자의 길을 걸어간다는 것은 내가 위대해지는 길이 아니다. 나의 한없이 찌질함을 깨닫는 과정이다. 살아가면 갈수록, 사역을 하면 할수록, 신앙생활을 하는 연수가 많아질수록 자신의 죄인 됨이 더 깊이 깨달아져야 제자의 길을 바로 걸어가고 있는 것이다. 훌륭해서가 아니라, 내가 한없는 찌질함을 가진 사람임에도 주님이 나를 끝까지 사랑하시는 사랑의 이야기다. 가능성이라고는 전혀 없는 나 같은 사람을 위해서 주님이 죽어 주시면서 까지 기필코 제자의 길을 걷게 하시는 '전능하신' 하나님을 만나가는 과정이다.

이제야 깨닫는다. '받아 적으라.'고 해서 명시적으로 하나님을 가르치는 방법보다 이런 성경을 주신 것이 하나님을 알아가는 얼마나 놀라운 방법인지를. 이런 성경을 주시고, 성경에서 깨닫는 하나님을 일상의 삶에서, 내 인생에서 만나고 깨닫고 누려가게 하시는 하나님께 한없이 감사한 아침이다.

Chapter 8

마가복음 15-16장 묵상

놀라운 사람들

·

'희롱'에 대한 세 가지 자세

·

진짜 제자

·

부활을 확인하는 두 장소

·

전파하라!

놀라운 사람들

(막 15:1~1)

비신앙인의 눈에는 신앙인은 이상한 사람들이다. 이상한 종류가 두 가지다. 빌라도가 놀라는데 두 종류의 사람에 대해서 놀랐다. 주님을 보고도 놀랐고 유대인들을 보고도 놀랐다.

첫 번째 놀람

(막 15:5, 새번역) 그러나 예수께서는 더 이상 아무 대답도 하지 않으셨다. 그래서 빌라도는 이상하게 여겼다.

빌라도가 주님을 보고 놀랐다. 이 놀람은 '의외성'에 대한 놀람이다. 주님은 보통 사람들과 다름에 놀랐다. 분명히 많은 변명을 하면서 살기 위해 몸부림 쳐야할 상황인데, 어떤 변명도 하지 않는 당당함에 놀란 것이다.

신앙인은 의외성을 가진 사람들이다. 비신앙인의 눈으로 볼 때 도대체 이해되지 않는 의외성을 가진 사람들이 신앙인이다. 비신앙인이 목숨 거는 것에 더 이상 목숨 걸지 않고, 비신앙인이 무시하는 것에 삶을 걸어 버리는 사람들이 신앙인들이다. 신앙인은 의외성을 가진 사람들이다. 신앙인의 그 의외성을 보고 비신앙인들은 놀란다.

두 번째 놀람

(막 15:14, 새번역) 빌라도가 그들에게 말하였다. "정말 이 사람이 무슨 나쁜 일을 하였소?" 그들은 더욱 크게 소리를 질렀다. "십자가에 못 박으시오!"

유대인들의 모습을 보고 빌라도는 놀라서 "정말 이 사람이 무슨 나쁜 일을 하였소?"라고 물었다. 이들은 기본적인 상식조차 없는 사람들이어서, 어이가 없어서 빌라도는 놀랐다. 신앙인이 '형식적인 종교인'으로 전락하면 상식조차 무시하는 잔인한 사람이 되고 만다. 유대인들이 빌라도 앞에서 보여준 모습은 상식을 잃고 몰상식한 존재가 된 모습이었다. 신앙인이 형식적인 종교인이 되면서 문제가 심각해졌다. 뭔가를 해야 한다는, 뭔가는 절대로 하지 말아야 한다는 율법주의의 화신이 되어버린 유대인들은 철저하게 형식적인 종교인으로 전락해 버렸고, 죄 없는 예수를 못 박아 죽이는 일에 양심의 가책을 전혀 느끼지 않았다. 상식을 가볍게 무시해버리는 무시무시한 사람들이 된 오늘날의 많은 기독교인들의 모습이 안타깝게 겹쳐진다.

비신앙인은 어쨌든 놀란다

비신앙인은 신앙인을 보면서 어쨌든 놀란다. 문제는 신앙인의 '의외성'으로 놀라게 할 것인가? 형식적인 종교인의 '몰상식성'으로 놀라게 할 것인가? 중에서 선택을 해야 한다. 개독교라는 용어가 이상한 용어가 아닌 시대가 되었다. 불신자들이 기독교를 비웃으며 만든 용어이지만, 목회자와 기독교인들의 몰상식성이 그 용어를 만들어내었다고 해도 과언이 아니다. 상식을 무시하고 자신들만의 이기적인 성을 쌓아버린 교회와 신자들의 모습이 만들어낸 그 용어에 대해서 제대로 반박할 수 없음이 너무 아프다.

이 시대를 살아가는 신앙인들에게 과업이 있다. 물론 나도, 우리 교회도 피할 수 없는 과업이다. 그건 몰상식성으로 세상과 비신앙인들을 놀라게 하는 시대의 흐름을 바꾸어서 '의외성'으로 세상과 비신앙인들이 놀라게 해야 하는 과업이다. 이 흐름을 바꾸어놓지 못한다면 기독교는 이 시대에 희망이 없다.

세상이 추구하는 세속적이고 이기적이고 자기중심적인 가치관을 거부하고, 성경이 말하는 이타적인 삶, 세상의 빛과 소금으로 살아가는 삶을 살아가야 이 흐름이 바뀔 것이다. 아주 천천히 이 흐름을 바꾸어 세상에 참된 빛이신 예수를 삶으로 증거하는 나와 말씀의빛교회가 되길 간절히 소망한다.

'희롱'에 대한 세 가지 자세

(막 15:16~32)

희롱을 받다

(막 15:18-19, 새번역) [18] "유대인의 왕 만세!" 하면서, 저마다 인사하였다. [19] 또 갈대로 예수의 머리를 치고, 침을 뱉고, 무릎을 꿇어서 그에게 경배하였다.

주님은 희롱을 받으셨고, 모욕을 당하셨고 (막15:29), 욕을 들으셨다. (막15:32) 그런데 주님이 받으신 희롱은 자발적으

로 당한 것이었다. 자발적으로 십자가를 선택하셨고, 자발적
으로 그 길을 걸어가셨다. 피할 수 있는 때가 얼마든지 있었
지만, 주님은 그 기회를 거부하고 자발적으로 십자가를 짊어
지셨다.

희롱을 하다

(막 15:20, 새번역) 이렇게 예수를 희롱한 다음에, 그들은 자
색 옷을 벗기고, 그의 옷을 도로 입혔다. 그런 다음에, 그들은
예수를 십자가에 못 박으려고 끌고 나갔다.

　사람들이 주님을 희롱했다. 지위의 고하를 막론하고 주님을
희롱하는 일에는 동일한 모습이다. 군인들이 희롱하고, 지나
가는 자들이 모욕하고, 대제사장들과 서기관들도 희롱하고,
함께 십자가에 못 박힌 자들도 욕을 했다. 누군가를 희롱하는
일에는 신분의 고하가 아무런 상관이 없다. 사람의 악한 본성
을 드러냄에는 사회적 신분도 방어벽이 되지 못한다.

희롱함을 피하다

(막 15:21, 새번역) 그런데 어떤 사람이 시골에서 오는 길에, 그 곳을 지나가고 있었다. 그는 알렉산더와 루포의 아버지로서, 구레네 사람 시몬이었다. 그들은 그에게 강제로 예수의 십자가를 지고 가게 하였다.

구레네 사람 시몬은 주님을 희롱하는 여러 종류의 사람에 속하지 않았다. 여러 이유가 있겠지만, 시몬이 주님을 희롱하지 않은 것은 억지로 십자가를 졌기 때문이다. 억지로 십자가를 지고 가다보니 주님을 희롱할 여유도, 주님을 희롱한 에너지도 없었으리라. 다만 이 십자가를 빨리 내려놓고 싶은 마음뿐이었으리라.

희롱하는 사람이 되지 않는 방법

희롱, 욕, 모욕 등은 굉장한 힘이 있다. 전염성이라는 강력한 에너지가 있다. 한 사람이 희롱하면 그 희롱을 보는 사람도 따라서 희롱하게 된다. 왕따는 그래서 생기는 것이다. 희롱을 하는 무리에 속하게 되면 희롱 당하는 사람이 어떤 사람인지 보이지 않는다. 그저 희롱이라는 그 격렬한 재미에 빠져들어 자신이 얼마나 비인간화 되어 있는지를 보지 못하게 된다.

세월호 사건을 통하여 여러 가지 이야기들이 많다. 백 번 양보하더라도 세월호 사건의 희생자들과 유가족들을 '희롱'하거나, '모욕'하거나, '욕'하는 것은 참으로 잔인하고 비인간적인 행동이다. 그들은 '희롱'의 강력한 에너지에 전염되어 그 희롱의 재미에 빠져 자신이 얼마나 비인간화 되어 있는지를 깨닫지 못하는 가장 불쌍한 사람들이다. 희롱은 하는 무리에 속하지 않는 방법이 있을까? 어떻게 해야 희롱이라는 강력한 전염성을 피할 수 있을까? 두 가지의 길 뿐인 것 같다.

첫째, 희롱을 당하는 것이다. 주님은 희롱을 당하셨다. 주님은 희롱을 하는 쪽이 아니라 당하는 쪽을 '선택'하셨다. 그렇다 십자가는 언제나 희롱 당하는 쪽을 '선택'하는 것이다. 손해 볼 것을 선택하고, 나를 내어줄 것을 선택하고, 내 것을 소비해서 누군가를 세우려는 쪽을 선택해야만 십자가의 길을 걸어갈 수 있다.

둘째, 억지로라도 십자가를 지는 것이다. 구레네 시몬이 억지로 십자가를 졌다. 그래서 희롱하는 사람이 되지 않았다. 억지로 진 그 십자가가 시몬에게 엄청난 복이었다. 십자가는 억지로 져도 복이다. 어쩔 수 없이 손해보고 속이 썩을 것 같아도 참고 십자가를 지는 것이 현대인의 가치관으로는 도무지 이해가 되지 않을 것이다. 아니 이해하려 하지 않을 것이다. '왜 그렇게 사냐?' 또는 '당신이 바보냐?'라고 말할 것이다. 그러나 억지로라도 십자가 지면 그것이 복이다. 적어도 희롱하는 사람이 되는 것은 피할 수 있기 때문이다.

나는?

희롱하는 사람이 되느냐, 십자가 지고 희롱당하는 쪽을 선택하느냐, 아니면 나의 주어진 상황 속에서 억지로라도 십자가를 지느냐? 사람은 이 세 가지의 선택 속에서 한 가지는 선택하게 되고 선택해야 한다.

준비되지 않은 사람이 신학을 하고 목회를 하는 것에 대해서 싫어했었다. 그러나 막상 내가 시작하고 나니 지금 이 나이에 시작을 했어도 여전히 준비되지 않은 상태임을 깨닫는다. 그럼에도 불구하고 이 길을 걸어가기에 억지로 십자가를 져야하는 상황들이 생긴다. 억지로라도 십자가 지는 쪽을 선택할 때마다 기쁨을 느낀다. 억지로라도 진 십자가를 통하여 내가 하나님의 백성임을 느끼게 된다. 신자로서의 나의 정체성에 대한 긍정적 관점이 강화된다.

억지로 지든 자발적으로 지든, 십자가는 지는 것이 복이다. 기쁘고 자발적으로 십자가를 질 수 있는 마음이 조금이라도 있어서 감사하고, 목회자이기 때문에 어쩔 수없이 십자가를 져야 하는 상황이 오는 것도 감사하다. 억지로든 자발적으로 든 나 같은 죄인이 십자가의 삶에 가까워지고 있다는 사실만으로도 너무나 감사하고 감격스럽다.

진짜 제자

(막 15:33~47)

제자들은 다 도망갔다. 베드로까지 세 번 주님을 부인하고 닭 울음소리 앞에서 처절히 우는 것으로 제자들이 주님을 완전히 주님을 버렸음을 보여주었다. 놀랍게도 제자가 해야 할 일을 누군가가 하고 있음을 성경이 보여준다.

하나님의 아들을 알아본 사람

(막 15:39, 새번역) 예수를 마주 보고 서 있는 백부장이, 예수께서 이와 같이 숨을 거두시는 것을 보고서 말하였다. "참으로 이분은 하나님의 아들이셨다."

진실로 하나님의 아들이라고 고백하는 사람이 제자 중 한 사람이 아니라 백부장이었다. 제자들이 해야 할 고백을 백부장이 하고 있는 것이다.

여자들의 등장

(막 15:40, 새번역) 여자들도 멀찍이서 지켜보고 있었는데, 그들 가운데는 막달라 출신 마리아도 있고 작은 야고보와 요한의 어머니 마리아도 있고 살로메도 있었다.

제자들은 다 도망갔고, 여자들은 끝까지 주님을 따른다. 끝까지 주님을 따라가야 할 제자의 역할을 숫자에 끼지도 못했던 여자들이 하고 있는 것이다.

예수의 장례를 치른 사람

(막 15:43, 새번역) 그는 명망 있는 의회 의원이고, 하나님의 나라를 기다리는 사람인데, 이 사람이 대담하게 빌라도에게 가서, 예수의 시신을 내어 달라고 청하였다.

제자들은 예수의 시체를 거두러 오지 않았다. 담대하게 예수의 시체를 거둔 사람은 이때까지 드러나지 않았던 아리마대 요셉이었다. 제자들이 당연히 했어야 할 스승의 시체를 거두는 일을 누군지도 몰랐던 요셉이 한 것이다.

결론

제자들은 다 도망치고 제자들을 해야 할 일들을 누군가가 했음을 성경은 보여준다. 드러난 제자만 제자가 아니다. 드러난 제자는 오히려 위험하다. 누가 봐도 '제자'인 사람은 오히려 위험할 수 있다. 누가 봐도 제자이기에 제자인 척을 해야 하고, 누가 봐도 제자이기에 제자다움을 보여줘야 한다. 누가 봐도 제자이기에 제자로서 누릴 것들을 계산한다. 실제로 예수님의 제자들은 '누가 크냐?'의 문제로 여러 번 다투었다.

숨어있던 제자가 진짜 제자일 수 있음을 성경은 보여주고 있다. 드러나게 열심히 신앙생활하고, 그래서 사람들에게 '훌륭한 신앙인'으로 인정받는 것과 사실, 훌륭한 신앙인인 것과는 별개의 문제이다. 드러날 수밖에 없는 위치에 있다면 조심해서 내면을 열심히 들여다봐야 한다. 드러나는 부분만 제자인지, 내면까지 정말 제자인지를 매일 잘 살펴야 한다.

드러나지 않는 신앙생활을 하는 사람은 더욱 자신의 내면을 들여다봐야 한다. 드러나지 않는 사람들 중에서 극소수만이 주님의 죽음 앞에서 자신의 제자 됨을 드러내었기 때문이다. 훨씬 더 많은 숨은 사람은 여전히 숨은 사람이었다. 마지막까지 제자가 되지 못했다. 결국, 자신의 '진실한 제자 됨'만이 신앙의 핵심이다. 드러나든 드러나지 않든 그렇다.

드러난 제자든 드러나지 않은 제자든, 즉 겉으로 열심을 보이는 신앙인이든 겉으로 표시나지 않는 신앙인이든, 다음의 질문으로만 자신의 제자 됨을 알 수 있을 것이다. '주님을 따르되 나의 온 삶을 다해서 따르느냐, 나의 일부로만 따르느냐?' 이 질문 앞에서 부끄럽지 않은 제자이길 간절히 소망한다.

부활을 확인하는 두 장소

(마가복음 16:1-8)

　세 명의 여인이 주님의 무덤으로 찾아갔다. 향료를 발라드리기 위해서였다.

(막16:1, 새번역) 안식일이 지났을 때에, 막달라 마리아와 야고보의 어머니 마리아와 살로메는 가서 예수께 발라 드리려고 향료를 샀다.

이 과정에서 여인들은 놀라운 경험을 했다. 주님의 부활이라는 엄청난 사건을 보게 된 것이다. 주님의 부활은 어디서 확인하게 되는 것일까?

무덤에서

주님의 부활은 우선 무덤에서 확인하는 것이다.

(막 16:5-6, 새번역) [5] 그 여자들은 무덤 안으로 들어가서, 웬 젊은 남자가 흰 옷을 입고 오른쪽에 앉아 있는 것을 보고 몹시 놀랐다. [6] 그가 여자들에게 말하였다. "놀라지 마시오. 그대들은 십자가에 못 박히신 나사렛 사람 예수를 찾고 있지만, 그는 살아나셨소. 그는 여기에 계시지 않소. 보시오, 그를 안장했던 곳이오."

여인들은 무덤에서 천사를 만났고 무덤 속에 예수님의 시신이 없음을 발견했다. 부활의 첫 번째 확인 장소가 무덤이었던 것이다. 무덤으로 가서 무덤이 비어있음을 보고 놀라게 되는 것이 부활을 확인하는 첫 단계다.

갈릴리에서

부활을 확인하는 두 번째 장소는 갈릴리였다.

(막16:7, 새번역) "그러니 그대들은 가서, 그의 제자들과 베드로에게 말하기를 그는 그들보다 먼저 갈릴리로 가실 것이니, 그가 그들에게 말씀하신 대로, 그들은 거기에서 그를 볼 것이라고 하시오."

부활하신 주님은 갈릴리로 가실 것이고, 제자들은 갈릴리로 가면 부활하신 주님을 만날 것이다. 무덤에서 일어나신 부활하신 주님은 갈릴리로 가셨다. 거기서 주님은 제자들을 만나주실 것이다. 어떻게 만나셨을까? 요한복음에 그 스토리가 기록되었다.

(요21:3, 새번역)시몬 베드로가 그들에게 말하기를 "나는 고기를 잡으러 가겠소" 하니, 그들이 "우리도 함께 가겠소" 하고 말하였다. 그들은 나가서 배를 탔다. 그러나 그 날 밤에는 고기를 한 마리도 잡지 못하였다.

마가복음과 연결해 보자면, 베드로와 제자들은 기대하는 마음으로 갈릴리로 가야 마땅했다. 그러나 요한복음의 기록으로 보면 제자들은 전혀 그러지 못했다. 여전히 예수님의 죽음에 대해 절망했고 자포자기의 심정으로 '물고기나 잡으러 가야겠다.' 생각하고 갈릴리로 갔다. 부활하신 주님에 대해 전혀 믿지 못한 것이다. 그러나 제자들은 그 밤에 물고기를 한 마리도 잡지 못했다. 그 절망과 좌절과 자포자기의 심정과 물고기마저 한 마리도 못 잡은 그 처절한 때에 주님이 오셨다. 그리고 처음 베드로를 만났을 때처럼 물고기를 잡게 해주셨다.

(요 21:4, 6, 새번역) [4] 이미 동틀 무렵이 되었다. 그 때에 예수께서 바닷가에 들어서셨으나, 제자들은 그가 예수이신 줄을 알지 못하였다. [6] 예수께서 그들에게 말씀하셨다. "그물을 배 오른쪽에 던져라. 그리하면 잡을 것이다." 제자들이 그물을 던지니, 고기가 너무 많이 걸려서, 그물을 끌어올릴 수가 없었다.

상황이 그렇게 진행되고서야 제자들은 주님을 알아보았는데, 주님의 부활을 그제야 경험하게 된 것이었다. 갈릴리는 그렇게 부활하신 주님을 만난 장소가 되었다.

나의 무덤

나의 무덤은 무엇일까? 과거의 나는 탐욕과 욕망과 거짓과 불의로 가득 찬 존재였다. 먹고 살고 잘 먹고 살고 더 잘 먹고 살고 싶은 욕망으로 가득 차서 다른 것들을 생각하지 못한 찌질한 죄인이었다. 그렇게 살면서 말라 비틀어져가는 자신의 영혼을 문득 발견하고 나는 그렇게 계속 사는 게 무서웠다. 불신자처럼 살다가 영영 죽을 것만 같았다. 그래서 말씀을 붙들었다. 그리고 언제부터인가 나의 무덤이 조금씩 보이기 시작했다. 탐욕과 욕망과 거짓과 불의로 가득 찼던 내가 조금씩 죽어가는 그 무덤이 신기하게도 보이기 시작했다. 작은 변화지만 신자로서의 희망이 보여서 숨을 쉴 수 있을 것 같았다.

나의 그 무덤들 속에서 이제는 주님이 보인다. 나의 욕망과 탐욕 대신 부활하신 주님께 감사한 마음이 채워진다. 내가 부활하신 주님을 믿는 건, 주님의 부활이 역사적 사실이냐 아니냐의 차원을 넘어서 있다. 내 삶에 찾아와 나를 죽음에서 부활하게 하셔서 새로운 삶을 살게 하시는 말씀이신 주님을 경험했고 지금도 하고 있다. 나에게 있어서 관념이던 부활이 실제가 되고 있는 것이다. 부활은 차갑고 냉정한 이론이 전혀 아니다. 나 자신의 무덤을 보기 때문에 나를 다시 살리시는 부활의 부님을 보는 것이다. 나의 고집과 자존심과 탐욕과 이기심들의 작은 무덤들을 볼 수 있어서 감사하다.

나의 갈릴리

제법 오랫동안 말씀을 묵상하며 생명을 누렸다. 여전히 삶은 만만치 않았지만, 말씀으로 인하여 하루하루 삶의 의미를 발견하며 살아가고 있었다. 그러던 어느 날 말씀이 나에게 주는 도전이 있었다. 신학 공부를 하고 목사가 되어야겠다는 도전이었다. 내가 생명을 얻고 누리게 만든 이 말씀을 누군가와 나누고 싶었다. 한 달 정도 거의 매일 묵상하는 말씀을 통해 그 도전이 계속 주어졌다. 결국 부산에서의 삶을 정리하고 경기도로 신학 공부하러 올라왔다. 그리고 나는 신학 공부를 행복하게 하고 있다. 게다가 교회를 개척해서 섬기고 있다.

사실 경기도로 올라와서 몇 년 간 먹고 사는 문제와 씨름했다. 학원을 인수하고 폐업하는 과정을 몇 번이나 반복하면서, 먹고 사는 문제의 처절함을 더 생생하게 온 몸으로 겪었다. 그 과정에서 나의 밑바닥을 다시 한 번 적나라하게 보았다. 그러나 감사하게도 예전과는 다른 방식으로 나의 절망을 대했다. 예전에는 나의 그 절망은 절망으로 끝난 경우가 대부분이었고, 다시 일상으로 돌아가 욕망과 탐욕을 채우기 위한 달음질로 연결되었지만, 이번에는 달랐다.

죽을 듯 힘든 하루를 보내고 퇴근하는 길이면, 운전하면서 기도했다. 너무 힘들었다고, 주의 도우심이 너무 필요하다고, 나와 함께 해 달라고 간절하게 기도하다 보면 어느새 눈물이 주르르 흘렀고 주께서 내 맘을 만지심을 누렸다. 그리고 아침이면 말씀을 펼쳐 묵상하면서 생명을 회복했다. 자신에 대한 여전한 절망이 있었지만, 나를 찾아오시는 주님을 매일 만나서 회복되는 경험을 했다. 나의 갈릴리였다.

나는 지금도 여전히 힘들다. 그러나 괜찮다. 학원을 인수하고 어려워지고 폐업하는 과정을 여러 번 경험하면서 힘들 때 무엇을 해야 하는지를 알게 되었기 때문이다. 힘들 때, 어려울 때, 절망스러울 때, 내 삶이 이렇게 무너지는 것은 아닌지 두려울 때 나는 무엇을 해야 할까? 주께서 나의 삶에 오시길 기대하면 된다. 그 기대를 가지고 주의 이름을 부르면 되고, 아침마다 변함없이 말씀으로 찾아오시는 주님을 만나면 된다.

주의 이름을 부르길 포기하지 않고, 말씀으로 매일 주님 만나길 포기하지 않기만 하면 된다고 믿는다. 나의 무덤과 나의 갈릴리를 나는 말씀을 묵상하는 시간을 통해 매일 경험하고 누려간다. 앞으로도 나에 대한 절망을 통해 부활하신 주님을 매일 만나고 누려가길 소망한다.

전파하라!

(막16:9~20)

성경에는 '명령'이 많다. 그 명령들을 어떻게 이해하느냐는 굉장히 중요한 신앙적 문제다.

그야말로 명령

(막 16:14-15, 새번역) [14] 그 뒤에 열한 제자가 음식을 먹을

때에, 예수께서는 그들에게 나타나셔서, 그들이 믿음이 없고 마음이 무딘 것을 꾸짖으셨다. 그들이, 자기가 살아난 것을 본 사람들의 말을 믿지 않았기 때문이다. [15] 또 예수께서 그들에게 말씀하셨다. "너희는 온 세상에 나가서, 만민에게 복음을 전파하여라."

이 부분만 보면 오해하기 딱 좋다. "야! 내가 그렇게 말했는데도 못 믿어? 도대체 뭐하는 놈들이야? 정신 차리고 이제 믿어! 그리고 이제 나가서 전해! 외치란 말이야!" 이런 분위기의 말씀으로 오해하기 좋아 보인다. 과연 이 말씀은 전하면 구원, 전하지 않으면 멸망이라는 뜻일까?

감격, 누림

(막 16:20, 새번역) 그들은 나가서, 곳곳에서 복음을 전파하였다. 주님께서 그들과 함께 일하시고, 여러 가지 표징이 따르게 하셔서, 말씀을 확증하여 주셨다.

분위기가 반전된다. 야단치며 명령하신 것이라고 보기에는 제자들이 복음 전하는 모습이 너무 밝다. 글에서 즐거움과 행복함이 진하게 느껴지는 것은 나만의 느낌일까? 제자들은 분명 즐기고 있다. 누리고 있다. 행복하게 복음을 전파하고 있다.

나는?

'전도'라는 단어가 내게는 큰 부담이었다. 교회 건물을 크게 지었기 때문에 빈자리가 많으니, '강권하여 데려다가 자리를 채우라.'는 설교를 어릴 적부터 수도 없이 들었기 때문이다. 그것이 잘못된 것임을 깨달은 지는 얼마 되지 않았다. 전도는 억지로 해야 하는 '의무'가 결코 아니다. 전도를 강요해야 할 만큼 복음이 그렇게 초라할 리가 없지 않은가? 전도의 강요는, 가진 복음이 너무 초라해서 강요를 통하지 않고서는 사람을 끌어들일 수 없을 때 하는 행동이다. 전도는 강요가 아니라 기쁨으로 하는 것이다. 저절로, 행복해서, 감격에 겨워서, 누림과 즐김으로 하는 것이다.

열심히 한 후배를 도왔다. 전도하기 위해서가 아니라 그냥 그 후배의 인생이 조금이라도 좋아지도록 돕고 싶어서였다. 어느 날 그 후배가 말했다. "형. 왜 형은 교회 가자고 안하는데? 형이 다니는 교회에 나도 한번 가 봐도 되나?" 그렇게 그 후배는 나를 따라 교회에 갔었다. 난 전도한 적이 없으나, 즐겁게 함께 교회에 갔었던 좋은 기억이 있다. 전도가 '강요'가 되지 않으면 좋겠다.

그럼 명령은?

그럼 주님의 명령은 어떤 의미일까? 한 교수님의 비유가 생각난다. 딸이 결혼하기 전 날, 아버지가 딸에게 말한다. "남편과 잘 살아라. 시부모님들께 잘해라. 행복하게 살아라..." 이게 명령과 강요인가? 명령문으로 쓰였지만, 사실은 명령이 아니라 축복이다. 주님이 주신 말씀도 명령형이지만 강요가 아니라 축복이다. "이 놀라운 복음을 받았으니 너희는 전파하고 기적을 경험하면서 복음을 나누는 삶을 살게 될 것이다." 라는 의미쯤이 되지 않을까?

말씀을 읽고 묵상함으로 주님과 인격적인 교제를 복되고 기쁘게 누리고 그 안에서 삶의 변화를 누리다 보면, 그 변화를 보는 사람이 감동을 받게 된다. 그런 사람 중에서 누군가가 그렇게 변화는 이유, 그렇게 행복하게 살아가는 이유를 궁금해 해서 물게 될 것이다. 그때 복음을 전하는 것이 전도의 가장 좋은 방법이다. 말씀을 누리고 복음을 누리고 복음의 능력 안에서 인격의 변화를 누리는 그 삶이 가장 아름다운 삶이요, 그래서 저절로 일어나는 전도가 가장 아름다운 전도다. 그 삶을 누려가기를 간절히 사모한다.